东京晴空塔

群马县高崎市少林山寺

茨城县偕乐园里栽种着 3000 多株梅花

千叶市油菜花

埼玉县寺庙一角

静冈县田园景色

日式锦鲤风筝

岐阜县高山市特产:飞騨牛肉

# 细说日本

东

［日］岩中祥史 著

刘晨 译

当代世界出版社
THE CONTEMPORARY WORLD PRESS

图书在版编目（CIP）数据

细说日本 . 东 /（日）岩中祥史著；刘晨译 . -- 北京：当代世界出版社，2017.10
ISBN 978-7-5090-1271-0

Ⅰ . ①细… Ⅱ . ①岩… ②刘… Ⅲ . ①日本—概况 Ⅳ . ① K931.3

中国版本图书馆 CIP 数据核字 (2017) 第 228552 号

书　名：细说日本·东
出版发行：当代世界出版社
地　址：北京市复兴路 4 号（100860）
网　址：http：//www.worldpress.org.cn
编务电话：（010）83908456
发行电话：（010）83908409
　　　　　（010）83908455
　　　　　（010）83908377
　　　　　（010）83908423（邮购）
　　　　　（010）83908410（传真）
经　销：全国新华书店
印　刷：北京华联印刷有限公司
开　本：710 毫米 ×1000 毫米　1/16
印　张：19.75
字　数：215 千字
版　次：2018 年 1 月第 1 版
印　次：2018 年 1 月第 1 次
书　号：978-7-5090-1271-0
定　价：45.00 元

如发现印装质量问题，请与承印厂联系调换。
版权所有，翻印必究，未经许可，不得转载！

# 目 录

一 · 群马县     001

二 · 栃木县     021

三 · 茨城县     045

四 · 千叶县     067

五 · 埼玉县     091

六 · 东京都     119

七 · 神奈川县     147

八 · 静冈县     173

九 · 山梨县     195

十 · 爱知县     219

十一 · 岐阜县     257

十二 · 三重县     279

## 作者序

本书主要讲述的是关东地区（一都六县）、东海四县及山梨县，共计一都十一县。其中，东京都、神奈川县、静冈县和爱知县是中国人来日旅游目的地的前十名。这些地方不但景点众多，适合观光，而且商品种类非常丰富，购物方便，都是中国人比较喜欢的地方。

如今通过发达的互联网，信息早已广为传播，不过我仍希望本书中的一些观点能给读者的认识查漏补缺，让读者更加深入了解和认识这些地方。

东海四县包括爱知县、岐阜县、三重县和静冈县。16世纪后半期到17世纪前半期（战国时代后期到江户时代初期），这一地区涌现出了众多强悍的武将。他们在历史上曾扮演着重要角色，改变了日本的历史进程，被后世之人奉为楷模。

比如，织田信长、丰臣秀吉和德川家康的故乡——爱知县，当地人对浪费金钱、时间、能源的行为十分憎恶，这一点与三位杰出人物不无关系，而且他们治理国家时所采用的很多政治手段也被传承了下来。

在性格、气质、思考方式等方面，东海四县可以说是现代日本人整体国民性形成的起点。

东京都与周边三个县（神奈川县、埼玉县、千叶县）构成的首都圈，自认为是当代日本的中心。特别是首都东京国际化进程领先全国，某些方面甚至已经突破了国家框架，因此有些当地人不免在言行中透露出趾高气扬的态度，即使表面上有所收敛，内心依旧认为自己是高高在上的。

而周边的茨城县、栃木县、群马县及山梨县则似乎完全被东京吸走了能量，失去了很多自己的风格，逐渐演变成了"小东京"。

# 一

## 群马县

好奇心强,豪爽粗犷,极具人情味儿。

# 简　介

提起上毛（群马县的古称），令人印象最为深刻的是，从深秋到初春从北部山区吹来的"干风"。干风温度并不是很低，但是体感温度会骤然下降。关于干风，后文还会详细介绍。

群马县地处内陆，夏季酷热难耐，而且多落雷，但当地人照样辛勤工作，丝毫不受影响。

富冈制丝厂及绢产业遗产群，现在已经成为世界文化遗产。这里生产的丝，曾经在日本向现代社会过渡的过程中做出了巨大贡献。养蚕、抽丝、机织所有工作都是女性完成的，这种状况还直接催生了群马县的另外一大特点"妻管严"。

说到"妻管严"，人们的印象是男人总要被强势女人管着，而在群马却并非如此。江户时代（1603年—1867年）的剧作家十返舍一九曾评论："没有女人，就没有上毛"。拜女人所赐，群马的男人们才可以每日里尽情讴歌自由。作家为此严肃地表达了对女人的感谢和敬意。

群马县人还养成了喜欢新生事物的都市人性格。受此影响，新款汽车或家电在当地销售得非常好，人们举办结婚仪式的费用在日本排在第一位。现代版"上毛纸牌"的出现也就不足为奇了。

**群马县的与众不同：**

①山田电机和 BIC CAMERA 两大家电连锁店在此创立。

②汽车驾照拥有率在日本排名第一。

③夏秋季时，圆白菜、魔芋、红薯的产量居日本第一。

# 群马县的地理概况和气候条件

群马县位于关东地区的西北部，利根川的上游地区，是岛国日本八个不临海的县之一，古诗称"上野"和"上州"。

南部地区位于关东平原的一角，群马县七成人口都集中在这里。西部和北部是自然环境优越的关东山区，即三国山脉，与长野县交界处为浅间山（海拔2,568米），与新潟县交界处为谷川岳（海拔1,977米）。赤城山（海拔1,828米）、榛名山（海拔1,449米）、妙义山（海拔1,103米）被称为"上毛三山"，深受群马人的喜爱。

浅间山和草津白根山（海拔2,160米）都是活火山。受此影响，山脚下的温泉四处可见，主要以草津温泉为代表，还有伊香保、水上、四万、万座等知名温泉。

从大水上山（海拔1,831米）发源的利根川，其只留有吾妻川、神流川、渡良瀬川等，最终流入太平洋。

由于海拔高度差异大，群马县北部是日本海气候，西部属中央高地式气候，中部、南部及东部是太平洋气候。

前桥市、伊势崎市、馆林市等南部城市，受赤城山及秩父山地导致的"焚风"（沿山坡下降热而干的风）现象及东京都中心区的热岛效应共同影响，夏季经常出现酷热天气。其中，馆林市自2010年起连续三年保持着酷热天数最多的记录。

受高温影响，夏季多落雷，这也成了当地的特色之一。北部山区是雷云的通道，有着"雷银座"之称。

群马县南部，冬季多晴朗干燥，少降雪。在当地特有的"赤城下山风"及寒潮的共同作用下，有时中午时分气温也能上升到5℃左右。

群马县北部容易受日本海飘来的含水汽的云层影响，导致降雪量大，容易形成积雪。三上町的藤原在2006年1月26日曾创下积雪301厘米的历史记录。东北部的尾濑周边及西部嬬恋村等地异常寒冷，西部的高原地带降雪量则比较少。

群马县内平均气温最高的地方是伊势崎市（15.3℃），气温最低的地方是嬬恋村（7.2℃）；南部年降水量是1,200毫米，北部则是1,100毫米—1,700毫米，地区差异较大。

**群马县相关数据：**

面积：6,362.28平方千米

总人口：1,971,315人（截至2016年2月1日）

人口密度：310人／平方千米

相邻都道府县：埼玉县、新潟县、长野县、栃木县、福岛县

# 群马县人的性格特点

## 上毛纸牌

如果你有长野县出身的朋友，或许知道若信州人聚集在一起，肯定会唱他们的县歌《信浓之国》。这首歌是长野人从幼儿园到小学再到中学的入学仪式、毕业仪式、运动会、文化节等集体活动必唱的曲目，只要是在长野县（古称"信州"）度过童年时代、青少年时代的人，即使长大也不会忘记这首县歌。

虽然没有长野县县歌《信浓之国》那么有名，但群马县也绝对有旗鼓相当的东西，不是歌曲，而是先前介绍过的"上毛纸牌"。

寒假期间的每个夜晚，在县内的小学校里，都能看到学生们在练习摸纸牌。元旦过后，就会召开学区级比赛，然后还有郡市级比赛，乃至县级比赛。在群马县度过小学时代的人，几乎都会有这方面的回忆。

纸牌的内容，其实都是些对家乡的夸耀，比如"群马县地图像一只起舞的仙鹤""伊香保温泉，日本名汤""日本最早，富冈制丝""红叶映衬的妙义山""文豪田山花袋""滑雪登山就在水上古川"等，都是些简单好记的内容，但只要能给小学生留下深刻印象就够。"上毛纸牌"诞生于 1947 年，混乱的战后时期没有娱乐和玩具，纸牌给孩子们带来了无比快乐。

或许是从儿童起就培养对家乡的热爱，在 NHK 全国县民意识调查（1996 年）中，表示"喜欢群马"的人数比例排全国第四，在关东地区排首位。

不知是何原因，群马县人对家乡的热爱程度逐渐下降。在 2010 年实施的"各都道府县对家乡的热爱程度"（地区名品研究所主办）的调查中，排名跌至第 36 位，在关东地区，位列神奈川县、东京都之后。大概是摸纸牌已经被电子游戏取代了的缘故吧。

## 比男人更有出息的群马女人

当地人戏称群马"特产"是妻管严、落雷和干风。"妻管严"，顾名思义就是女性总管着男性，在家里说了算，但同时也是赞美她们有能力、非常能干。

日本东部地区，特别是首都圈内，对群马人有一个很深刻的印象，简单说，就是女人特别强势。

群马县在历史上并没有出现什么特别的女性名人，日本第一名女性飞行员向井千秋还算是比较有影响的。

以前，群马县人民除了种桑、养蚕、制丝以外，没有什么其他产业。以群马县桐生市为中心，8 世纪左右就开始了绢织物的生产。1600 年，应德川家康的要求，当地人迅速上缴了大量的旗绢，桐生才得以广为人知。

之后，随着各种纺织品的开发，有了"西有西阵（京都）织，东有桐生织"的说法。

纺织业从业人员的主力是女性。随着她们熟练程度的提高，收入也会相应地增加，因此女性都愿意长期从事这项工作。

当然，男人们也没有闲着，也在干活儿赚钱，但是相对来说不受重视，原因是男人们从事的农业生产要靠天吃饭，很不稳定。在夏天酷热、冬季寒冷的群马县，种植农作物比较困难。一家人主要靠女性的劳动收入维持生计。"妻管严"这种说法，更像是身为一家之主的男人对自己老婆辛勤劳动的一种表扬："我们家那位天下第一。"

由于养蚕、制丝的交易都用现金，助长了"不留过夜钱"的生活习惯，有些群马人为了摆阔不惜豪掷千金，颇有江户城里公子哥儿的习气。

大大方方依靠老婆生活的群马男人们，做事时很决断，不会优柔寡断，很像那位经常在浪曲（一种由一人说唱，用三味线伴奏的说唱形式。——编译注）或电视剧中出现的侠客国定忠治。

国定忠治，江户时代晚期出生于国定村（今属伊势崎市）一个农民家庭。他以赤城山为根据地，在上州、信州一带开设赌局。据说在天宝饥荒时期（1833年—1836年），还救助过不少农民，最后因碓冰关隘被攻破，在城门上被处以绞刑。

通过国定忠治的一生可以看出，对男人来说，做自己想做的事的确是一种理想的生活方式，而追根溯源是因为有老婆在努力工作赚钱养家。

## 为新款车倾囊而出

提到侠客，人们总是感觉那已经是遥远的上世纪的事情了。但是认真地想一想，之前出现的那些政治人物，不还是多多少少有一些相同的味道吗？曾经就任过自民党派总裁后又担任总理大臣的福田赳夫，以及前首相中曾根康宏，就是典型代表，二人都是群马县出身。

提到侠客或地痞流氓，无论如何都躲不开的话题就是"赌"。自江户时代以来，上州就盛行赌博。那时，在新町（今高崎市）、安中、松井田（今安中市）等地都设有驿站，草津、伊香保等地的温泉众多，这些地方人群聚集，助长了赌博之风。

太平洋战争结束后的相当长时间里，四大国营赌博业齐聚群马县：高崎赛马（2004年废止）、伊势崎摩托竞技、前桥赛车（自行车）、桐生赛艇，这种状况在全日本都少见。弹子机也曾在群马县大行其道。

近年群马县内玩弹子机的人数比例在下降，但是弹子机的产量依然在全国排第二，仅次于爱知县。生产弹子机的业内三大品牌，其中平和、三共这两个上市公司的总部都设在群马县桐生市。

其实，最初这些企业并不是生产弹子机的。太平洋战争期间，曾在群马县成立大量军需工厂，战后因军用生产技术转为民用，才开始生产弹子机。

俗话说"喝、赌、嫖属于三毒"，赌是群马男人闲来无事时打发时间的主要娱乐活动。一般男人都会远离"三毒",但是侠客或地痞流氓就另当别论了。

群马尽管不靠海,但是一年内的日照时间却很长(2010年排全国第四位)。这种气候特征间接地影响了群马县人的性格,因此他们大多性格开朗,表里如一,情绪容易受周围气氛影响。

据说在群马推销汽车会容易得多。汽车经销商们很早以前就开始认识到,新款车最好卖的地区就是群马县。这也可能是好赌性格的另一种体现吧。

虽然新款车在广告和宣传材料上有清晰的数据和说明,但是如果不坐在驾驶席上手握方向盘跑一圈,是很难体会到实际使用时驾驶、乘坐的感受,因此买新款车时需要有充分的思想准备。但是这样几百万日元的巨款倾囊而出,群马县人瞬间就可以做到。

由于这个因素,群马县人均汽车保有量是0.674台(2014年),排在全国第一位;家庭汽车保有量排在全国第四位(2014年)。

群马县境内的道路建设状况良好,有关越高速、上信越高速、北关东高速、东北高速四条高速公路穿过。

群马人似乎也很享受全家人坐车出行,在纵横交错的道路上驰骋。

**为人粗犷但极具人情味儿**

关于遭遇交通事故的人数,群马县排在全国第五位(2010年)。主要原因是一些群马县人开车似乎不太遵守交通规则,大约是赌输之后，怒火中烧，只好把一腔怨气都撒到方向盘上。更主要的原因则是，群马县人本就有脾气急、说话糙、情绪不稳、容易冲动的特性。

《人国记》一书曾写道："持容忍之心，我等虽远离是非，但纵容他人小错，他人肆无忌惮必成小罪。小罪一出，大罪近在眼前。"无原则地宽容，其结果是对别人和自己都无事于补。"爱咋地咋地"的想法在头脑中一闪，就有可能导致交通事故。群马发生的交通事故中，很大一部分是因酒驾或醉驾而发生的。

拜福田赳夫、中曾根康弘、小渊惠三和福田康夫这四任首相所赐，群马县人的生活条件非常不错。因此，在NHK全国县民意识调查中，对于"你希望保持现在的生活现状吗？"一项，回答"是"的比例在全日本最高。

"希望与人交往时无话不谈、坦诚互助"的人数比例在全日本排在第一。与国家和都道府县相比，更关注市町村的政治状况的人数比例排在全日本第三位（关东地区是第一位）。

持"绝不允许与配偶以外的人有性关系"态度的人数比例排在全日本第二位（关东地区绝对排第一位）。这与关东其他地区的思考方式和态度截然不同。

通常群马县与相邻的栃木县被称为"北关东"，这样被捆绑在一起对群马县人来说好像不太合适。与比较温和的栃木县人相比，性格暴躁的群马人总是给人以粗犷的印象，大多很有人情味儿。

群马人花钱很坦然，对存钱不以为然，似乎国定忠治的生活方式传承至今没有改变。

# 群马县的重要数据和知名人士

## 群马县在日本名列第一的几个领域

| 领域 | 数据 |
| --- | --- |
| 优衣库的店铺数量(2015年) | 19间 |
| 人均乳酸菌饮料的消费额(2009年) | 6,204日元 |
| 圆白菜产量(2013年) | 249,900吨 |
| CAINZ HOME店铺数量(2010年) | 27间 |
| 7-11店铺数量(2016年) | 175间 |
| 结婚典礼的费用(2010年) | 4,429,314日元 |
| 汽车保有量(2015年) | 135万台 |
| 持有驾驶执照的人数(2010年) | 31,402,524人 |
| 在日越南人(2015年) | 3,530人 |
| 在日秘鲁人(2015年) | 4,714人 |

注:数据来源于《从各都道府县的统计及排名看县民性》,后同。

## 群马县出身的名人

**政界：**

福田赳夫（高崎市）

中曾根康弘（高崎市）

小渊惠三（中之条町）

福田康夫（高崎市）

荻原健司（草津町）

**商界：**

佐濑守男（桐生市），筑地银章鱼丸店创始人

野间清治（桐生市），讲谈社创始人

梁濑长太郎（高崎市），YANASE（汽车销售连锁店）创始人

中岛知久平（太田市），斯巴鲁（富士重工业生产的汽车）创始人

新井隆二（高崎市），BICCAMERA（大型电器商店）创始人

**文化界：**

丰田有恒（前桥市），作家

星野富弘（MIDORI市），诗人、画家

糸井重里（前桥市），职业撰稿人

小栗康平（前桥市），电影导演

大地丙太郎（高崎市），动画导演

桥本敬史（桐生市），动画制作人

原惠一（馆林市），动画导演

丸山修二（高崎市），动画制作人

大河原遁（高崎市），漫画家

神海英雄（前桥市），漫画家

神谷郁代（伊势崎市），钢琴家

**演艺界：**

布袋寅泰（高崎市），音乐家

安田祥子（桐生市），歌手

由纪纱织（桐生市），歌手

井森美幸（下仁田町），演员

竹内海南江（高崎市），演员、记者

中山秀征（藤冈市），演员

**体育界：**

斋藤佑树（太田市），北海道日本火腿斗士职业棒球队球员

胁本直人（沼田市），千叶罗德海洋职业棒球队球员

中岛常幸（桐生市），职业高尔夫选手

中山律子（草津町），职业保龄球选手

# 群马县特有的风味美食

### 名刹水泽寺美食：水泽乌冬面

群马县的气候和水土似乎更适合小麦生长，所以这里自古以来就出产上等的小麦。由此诞生的水泽乌冬面已经有400年的历史了。

由推古天皇敕令修造的名刹水泽寺，以十一面千手观音像而闻名。这里是坂东三十三各所的第十六番礼所，门前排列着十几家乌冬面馆。水泽乌冬面呈淡黄色，弹性十足，以紫苏叶和芝麻调味，以土当归、蜂斗叶、其他山野菜制作的天妇罗做配菜。据说曾风靡一时的凉乌冬面，其实就起源于水泽。

### 传统乡土小吃：烤馒头

在群马，春季赏花，夏天娱乐，冬季的不倒翁节，似乎都缺不了烤馒头这种传统的乡土小吃。

这是一种简单制作的食品。在面粉中加入浊酒（未经过滤的粗酒），在曲霉菌作用下发酵后，制成稍稍扁平形状的馒头，然后穿成串，不加任何馅料，然后刷上甘甜的味噌汁，放在炭

水泽乌冬面

火上用急火烤。

馒头烤焦后,香气四溢,简直无法用语言来形容。通常在吃的时候,唇边还会沾上一圈酱汁,别有一种乐趣。

## 横川站人气便当:峠之釜饭

在不临海的群马县,山区特产非常丰富。釜饭其实是使用山野菜制作的一种饭食,原料包括香菇、板栗、竹笋、削成细段的牛蒡、青豌豆、红姜、杏,还有鸡肉和鹌鹑蛋。公认最好的釜饭是荻野屋的"峠釜饭",过去峠釜饭是JR信越本线横川站的名品。

现在横川站的站内盒饭销售已经取消了,但是在车站前的荻野屋总店以及中山道上的"走进荻野屋"等处还有销售。在商场、超市举办的全国车站盒饭集中售卖活动中,峠釜饭肯定是最具人气的品种。

# 中国游客不可错过的群马县景点

## 少林山达摩寺

上毛纸牌里有一张写的是"缘起达摩的少林山",指的是黄檗宗少林山。相传日本黄檗宗的开山鼻祖是从中国远道而去的心越禅师,他于1697年建立寺庙。寺内一般供奉达摩大师,以及指示方位的北辰镇宅灵符尊。

达摩大师是古印度的一个王子,后成为释迦牟尼的弟子。他到达中国后,与梁武帝曾留下一段著名的对话。后到少林寺修行,流传有"面壁九年"之说,终于成为禅宗鼻祖。

"缘起达摩"是群马县高崎市的特色。据说起源于达摩寺的第九代主持,他为了救助遭受饥荒的穷苦百姓,制作了纸糊的达摩像卖钱。"缘起达摩"的眉毛象是仙鹤(象征吉祥)、胡须好似乌龟壳(象征长寿),都是大吉之物。

## 乐山园

《论语》中有"智者乐水，仁者乐山"的名句，由此得名的乐山园（位于甘乐町）是17世纪初由当地统治者织田信雄主持修造的。鉴于修造时间和建筑特征，乐山被认为是战国时期由武将庭园向大名庭园过渡的代表性园林。

乐山园占地面积达23，437.33平方米，西侧背靠红叶山，山间有大河流过，南侧有连石山、熊苍山，整个园子显得雅致而秀丽。

# 与中国各省市结成友好城市的行政自治体

### 高崎市——承德市（河北省）

1978年10月，时任首相福田赳夫在日本接待了当时的中国国务院副总理邓小平，签订了《中日和平友好条约》。福田赳夫的出生地就是高崎市。1980年，高崎市日中友好都市促进协议会访华团访问承德市，双方由此开始了交流活动。两市经过这次交流，签订了经济文化交流协议，制定了接收中国农牧业实习生等举措，两市的友好关系得以再上一个台阶，并于1987年10月正式结为友好城市。

### 伊势崎市——马鞍山市（安徽省）

1987年10月，马鞍山市市长访问伊势崎市，考察了当地的产业发展和城市建设等状况。第二年，应马鞍山市的邀请，伊势崎市副市长访问中国，并就与马鞍山市建立友好合作关系提出了意向。以后，两市多次互派访问团，促进了友好关系的发展，并于 1989 年 11 月正式签订了缔结友好城市的议定书。

## 太田市——营口市（辽宁省）

　　1984 年，为与三洋电机商讨合作事宜，营口市的代表团访问日本。在三洋电机黑河力社长的介绍下，营口市代表团向太田市提出了建立友好合作关系的意向，太田市因此成立了友好都市推进委员会。通过三年的交流，双方于 1987 年签订了友好合作协议书。当初促进两市友好交往的功臣黑河先生，1913 年生于营口市，2003 年在太田市去世。

## 馆林市——昆山市（江苏省）

　　2001 年，馆林市市长带领大型代表团访问昆山市，双方开始友好交流。馆林市就市府建设如市政府、市议会，还有工商业、农业等各方面与昆山市开展了广泛交流，并于 2006 年 3 月正式缔结友好城市。

## 藤冈市——江阴市（江苏省）

　　1993 年，藤冈市副市长访问了江阴市，并接受了江阴市捐赠的千年紫藤的幼苗，双方开始交流活动。1997 年，藤冈市国际姊妹城市讨论委员会把江阴市列为友好城市的候补城市。同年 10 月，藤冈市市长应邀访问了江阴市。此后，双方在文化、体育等领域的交流持续不断，2004 年 4 月双方签订了友好城市协议。

# 二 栃木县

朴实寡言,沉着冷静,从容不迫。

# 简　介

栃木县地处内陆，冷热温差大。但栃木县人认为，不管现在多冷，都不会妨碍夏日酷暑来临。栃木县总是会说："不用担心，总有一天……"

19世纪末，田中正造辞去国会议员的职务，向天皇直陈足尾铜矿的矿毒问题，让事实大白于天下。虽然这个问题在当时没有得到有效解决，令人遗憾，但是田中的义举令后世对他的尊敬之情至今不减。

在栃木县西南部有足利烧卖（用圆葱代替肉做馅）、萝卜荞麦面（将切成细丝的萝卜码在荞麦面上）、炸马铃薯（土豆串成串，蘸面包粉后油炸）等小吃。这些小吃都是人们在生活困难时为了糊口绞尽脑汁想出来的，足以让人体会到栃木县人的智慧。

多年来，栃木县宇都宫市在全日本饺子销量的排名中，一直居于第一位。不料，第一名的位置后来被滨松市夺了去。宇都宫市为此展开了猛烈反击，终于在三年后又夺回了第一名。

表面看着安静老实,其实内心固执,栃木县人这种反骨性格从不曾改变。

**栃木县的与众不同:**

①豆芽、草莓产量,全日本排名第一。

②杉树日光林荫道(总长度37千米),排名世界第一。

# 栃木县的地理概况和气候条件

栃木县位于关东地区的最北端,东临茨城县,西临群马县。这三县合称为北关东,其中栃木、群马两县是不靠海的内陆县。

地理上,栃木县分为中南部地区和西北部地区两大区域。

中南部地区,位于关东平原的中央偏北,境内有渡良濑川、利根川、鬼怒川等河流,与茨城县、群马县、埼玉县交界。

西北部地区,位于奥羽山脉的南端,是关东地区不多见的山区。海拔2,000米以上的山脉连绵起伏,与群马、福岛两县接壤。其中,有数座海拔超过2,300米的山峰。天气晴朗时,从东京、横滨都可以看到这些山峰。其中海拔较高的男体山(2,486米)、女峰山(2,483米)、太郎山(2,368米)并称"日光三山"。

与福岛县交界的地方,在日光连山的东侧,是那须火山带,包括茶臼岳(又称那须岳,1,915米)、朝日岳(1,896米)等山,直到现在火山活动还比较活跃。

夏天,栃木县受太平洋高压的强烈影响,多南风,高温,湿度高。山区受南风影响，易发生积云，以落雷多而闻名。县厅所在地宇都宫市，年平均落雷日达24天，其中夏季的落雷天数超过20天，在关东地区居于前列，因此枥木县有"雷都"之称。

进入冬季，在特有的大气压影响下，"二荒下山风""男体下山风"及东北部的"那须下山风"等寒冷干燥的强风袭来，枥木县的气候变得干燥少雨，晴天居多。冬季是枥木县一年之中日照时间最长的季节。如果天空晴朗，受强烈的放射冷却现象影响，日出前后，气温会降到冰点以下，即使在比较温暖的中南部地区，有时也会突破零下5℃。但是，到了白天，气温一般在5℃—10℃，平原地区甚至达到15℃以上。可见昼夜温差相当大。

**枥木县相关数据：**

面积：6,408.09平方千米

总人口：1,973,300人（截至2016年2月1日）

人口密度：308人/平方千米

相邻都道府县：福岛县、茨城县、群马县、埼玉县

# 栃木县人的性格特点

## 带有栃木特色的方言

乘坐新干线从东京出发，不用一小时就到了栃木县的县厅所在地——宇都宫市。但是不少人一直误以为，栃木应该在更远的地方才对啊！

作家立松和平、演艺界的"碎嘴四郎"（永冢勤）、"嘎子石松"（铃木有二）等人都来自栃木县。他们独特的口音总是让人想到很远的东北地区。大家对比后就不难发现，实际上和距离东京更远的东北地区相比，栃木县的发音更加不标准。

说到这里，总不禁让人想起已经离世的原自民党派阀领袖渡边美智雄（曾任自民党副总理、大藏相、外相等职）那一口具有鲜明地方特色的栃木方言。当然，只要是栃木县人，都是以这样一口方言交流的，当然也包括当地的名人。

只要听过一次，栃木方言独特的语音语调就会给人留下深刻的印象。栃木县人自己也很清楚，会认为"说方言让人感到很不好意思"。枥木县人中有这样想法的人数占比在全日本排在第四位（NHK全国县民意识调查）。

相反，"喜欢方言""希望方言能得以延续"，枥木县人中有这样想法的人数占比排在全日本第42位。对方言，枥木县人有着难以言表的情结。

除了方言，枥木县再没有其他突出特点了。所以，如果让人列举出全日本八个不临海的县，就算是相当熟悉人文地理的人，可能到最后还是很难想起枥木县。

枥木县虽然是关东地区面积最大的县，但即使是在关东地区，能正确指出枥木县位置的人也是少之又少，更不要说其他地区的人了。

2009年有一个名为"不知道在哪里的都道府县"的调查，枥木县排在第三位。在2007年国立教育政策研究所举办的"都道府县位置的认知度"调查中，枥木县的排名是第33位。

实际上，关东地区各县，尤其是枥木县、山梨县、群马县，总是被拿来与东京作比较。从这点来说，关东地区各县的运气的确比其他各县差了一点点。

不止是知名度，在魅力度上，枥木县排在全日本第42位，群马县排在第44位，埼玉县排在第45位，茨城县则排在最后一位（2010年都道府县魅力度排名）。由此可见，关东地区各县在各方面都处于垫底位置。

## 没有存在感就是存在的意义吗？

栃木县的存在感究竟弱到什么程度呢？提到栃木的瞬间，人们几乎想不起来与之相关的任何事物。能想到的大多是其县厅所在地宇都宫市，然后是日光东照宫和那须·盐原的温泉，仅此而已。

在2007年举办的"日经研究"地域知名度调查中，栃木县赫然排在全国最后一名。栃木县经济同友会无法接受这个现实，为此发起了"为摆脱栃木县地域知名度全国垫底的口号征集活动"。

活动遴选出许多口号，其中排在第一位的是"来了就想住下的栃木县"，还有"东京之上的栃木县（栃木位于东京北面——编译注）""栃木县，没有印象但有味道！"等。发明口号的目的似乎是想让人发笑，但是参与者却笑不出来，反而有一种拘谨难受的感觉。

人们大多知道日光东照宫（供奉着江户幕府之神德川家康）、宇都宫的饺子、枥乙女草莓，却极少有人知道这些都来自栃木县。说起来，似乎栃木县的整体知名度都不太高啊。

提起枥乙女草莓，即使是对水果不感兴趣的人，眼前也会马上浮现出草莓粒大甜美的形象。近十年来，虽然栃木县草莓产量曾经一度被福冈县超越，但是枥乙女草莓的人气不降反增，产量重登全日本第一。至于栃木县其他有名的食品，只有干瓢（食用葫芦）而已。

日光东照宫

当地的风景名胜和名品如此也就罢了,栃木县人的性格特色也乏善可陈,能让人说出"这就是栃木县人"的情况几乎没有。或许,没有个性就是栃木县人的个性吧。

栃木县人既没有没有鲜明的个性,又不善于交际。只是本着"你是你"、"我是我"的观点,对其他人不感兴趣,自然也不要求别人来了解自己。

栃木县人怒不形于外、恼不出于口,也不愿意掺和周围的事情,因此,给外人留下了不显山露水、老实巴交的印象。

至于人们是否知道栃乙女草莓、日光是哪个县的,对栃木县人来说也无所谓。栃木县人大概认为,如果与他人起争执,最好保持沉默。

另外,对于"你认为人有优秀和普通之分吗?"或者"你认为每个人都有各自的优点,不能将人分为优秀和普通吗?"这类问题,枥木县人选择"人有优秀和普通之分"的占比最低。估计是因为身边都是老实巴交的普通人,所以感受不到人与人之间的明显差距。

而对于"除了地震以外,对台风、雪灾、洪水等自然灾害感到担心吗?"这一问题,枥木县人回答"不担心"的占比是全日本最高的。在优越的自然环境中,谋求安定生活,不愿意额外生事,从某种程度说,这才是日本人真正的生活方式。在枥木县,追求这种生活的人最多吧。

从另一角度看,枥木县人也有着让人不能小觑的地方——执着。比如,在一段时间里,枥木县每万人拥有的弹子机台数在全日本排名第一位。因为对手是机器,所以玩弹子机的人不用在意他人的看法和想法,可以放心地玩,而且玩弹子机的必胜法则就是"努力加坚持"。

与枥木县人交往,要时刻意识到以上这些,否则就会在不知不觉中迷失了方向,随着对方的意愿发展下去了。

## "一般般":枥木人的自嘲

在江户时代,枥木县被分成了13个小藩,但是没什么突出的藩,当权者也不强势。因为适合居住,所以枥木县人养成了顺从、缺乏冒险精神、保守的性格。

还有一种说法是，不临海的县的居民都倾向于不关心新鲜事物。栃木县好像也不例外，同样缺乏进取心。

在长时期内相当受欢迎的宇都宫饺子、佐野拉面都是制作简单的食物，不是那种不到当地就吃不到的东西。由于名字经常在电视上或者杂志上出现，人们或许会认为这两个城市比较繁华吧。而实际情况却并非如此，宇都宫市非常安静，你无法想象这里竟然居住着52万人。

岐阜县的"阜"，埼玉县的"埼"，栃木县的"栃"，都是新近加入常用汉字的。这些汉字在其他场合并不使用，却被认定为常用汉字，这件事一时成为人们议论的话题。

可能是因为不太习惯被关注，栃木县没有全国知名的大型文娱集会，即使电视节目或杂志上出现栃木县，也给人那种冷淡的、波澜不惊的感觉。仿佛栃木县人早就看透了，这个世界的一切都不过是过眼云烟。无论任何时候都冷静沉着，保持平常心，从容不迫。

好吧，这的确不影响什么。好奇心旺盛的人、喜欢波澜壮阔的人，内心总是有无尽的欲望，这样的人最好不要住在栃木县。"没什么大不了的"，默默地转身离开，才是栃木县人的性格。

在前面提到的宣传口号中，有一条是"一般般的田舍，一般般的都市，那就是魅力无限的栃木县"。读起来，总感觉有那么一点点自嘲的味道，这未尝不是栃木人的自我评价。

## 栃木方言成为潮流是真的吗？

如前面介绍的那样，似乎是因为自身根深蒂固的情结，栃木县人不太擅长与其他县的人交往。对其他人，特别是涉及私人问题，栃木县人从不刨根问底，也不喜欢没完没了地讲自己的事情。

聊聊无关痛痒的天气呀，身边的新鲜事呀，还是可以接受的。但是，当被问及家庭成员、工作等个人情况时，栃木县人就会感觉很不爽，陷入沉默，甚至可能会立刻起身离去。但即便是厌烦了，也绝不会表露太明显。要了解栃木县人的内心想法有点困难，所以只好通过言谈话语的语调和内容来判断。

演艺界的"碎嘴四郎"主要靠栃木方言做噱头。这个艺名的由来，也充分体现了栃木县人的性格。嘟嘟囔囔，而不是现在流行的叽叽喳喳，不对外界清晰地表达自己的看法。这样，不伤害任何人，也不会让人不愉快。不知道他们自己是否意识到了这一点，用栃木县人的特性给自己起了这样一个艺名。不管怎样，这还是个很巧妙的选择。

其他县的人如果想听听嘴严的栃木县人的心声，最好能耐心等待和交往，千万不要着急。如果对方没有问，就把自己的这事那事乱说一通，肯定要招人讨厌了。

令人稍感意外的是，最近使用栃木方言正悄悄成为年轻人的潮流。这些人主要是来自东京或神奈川等没有方言的地区，他们感觉说方言"好可爱"或"让人感到温暖"，于是开始学习或模仿栃木方言。

年轻人全凭"好玩"和"不好玩"来行事，有多少认真的成分让人怀疑。大约掌握和自己的语言不同的表达方式，并用这种方式交流，有一种很奇妙的感觉。

和有些特难懂的方言不同，栃木方言与标准音的语调差别不是很大，但是幽默、淳朴的味道足以打动听众。而且不可思议的是，即使是很矛盾尖锐的事情，用栃木方言讲出来，仿佛不那么刺耳了。

方言，总会让人感受到暖意。如果能用方言和当地人交流，或许嘴严的栃木县人也会开口吧。

# 栃木县的重要数据和知名人士

**栃木县在日本名列第一的几个领域**

| 领域 | 数据 |
| --- | --- |
| 饺子消费量（2010 年） | 5,009 日元 |
| 羊羹消费量（2012 年） | 1,469 日元 |
| 红茶消费量（2009 年） | 426 克 |
| 煎饼消费量（2012 年） | 8,709 日元 |
| 西式餐食费用（2012 年） | 31,694 日元 |
| 草莓产量（2010 年） | 27,900 吨 |
| 丧葬费用（2010 年） | 154,712 日元 |
| 高尔夫场地（2009 年） | 153 |

## 栃木县出身的名人

**政界：**

渡边喜美（那须盐原市）

**商界：**

出井伸之（佐野市），原SONY会长兼CEO

**文化界：**

立松和平（宇都宫市），作家

落合惠子（宇都宫市），作家

乔治秋山（足利市），漫画家

相田MITSUO（足利市）书法家

**演艺界：**

船村彻（盐谷町），作曲家

渡边贞夫（宇都宫市），爵士音乐家

佐伯美香（栃木市），原AKB48女子偶像组合成员

酒井若菜（野木町），演员

森昌子（宇都宫），歌手

平山绫（那须盐原市），演员

大岛美幸（大田原市），"森三中"女子搞笑组合成员

嘎子石松（鹿沼市），演员

真岛茂树（宇都宫市），Matsuken Samba II（松平健演唱）的伴舞编导

碎嘴四郎（野木町），搞笑演员

福田薰（那须盐原市），"U字工事"相声组合成员

益子卓郎（大田原市），"U字工事"相声组合成员

**体育界：**

成濑善久（小山市），东京养乐多燕子职业棒球队球员

饭原誉士（小山市），东京养乐多燕子职业棒球队球员

泽村拓一（栃木市），读卖巨人职业棒球队球员

# 栃木县特有的风味美食

### 传统乡土菜：杂烩

这是栃木县的一种传统乡土菜，是用大豆、鲑鱼、酒粕等煮制而成的，做法是将大马哈鱼鱼头和蔬菜切碎，与萝卜丝混合而成。这种食物在各地的叫法不同。

旧历二月第一天的中午，当地人会向稻荷神社供奉杂烩菜与红小豆糯米饭。

### 乳茸荞麦面

有一种说法，乳茸荞麦面是栃木县的韩国料理。

乳茸荞麦面的主要原料是裂开后会流出乳白色汁液的乳茸，做法是将其与茄子清炒，用酱油、日式甜料酒调味，制成乳茸汁，浇在荞麦面上，即可食用。

在夏天，过了梅雨季，乳茸在山间或田间的杂树林中自然生长，散发出清香。很多本地人举家进山采摘，用乳茸来制作打卤面的高汤。

栃木县内的乌冬面馆和荞麦面馆的菜单上基本都有乳茸荞麦面。

### 长寿面：萝卜荞麦面

这是佐野市周边的地方风味，也是荞麦面馆菜常见的一道面。

其做法是：把萝卜切成细丝，直接与荞麦面一同煮熟，然后码在荞麦面上。

据说在食物紧缺的年代，在荞麦面里添加萝卜丝，是为了显得分量足。

如今，当地人还保留着过年吃萝卜荞麦面的习惯，寓意"又细又长（荞麦面），活到白头（萝卜丝）"。

### 日式肉薯饼

日式肉薯饼即是一种 B 级美食（指既好吃又便宜的大众化美食，最具代表性的有拉面、乌东面、炒面、御好烧、咖喱饭、盖浇饭等。——编译注）。

为追求松软热乎的口感，将土豆不去皮蒸熟，入口即化，松软可口。再以黑猪肉馅加上足利市产的圆葱炒熟，多加些胡椒，再煮三天。食用时，加自家制作的甜味汁调味。

**加土豆的炒荞麦面**

在足利市，炒荞麦面指的是加土豆的炒荞麦面。

在普通的炒荞麦面里加入大小可一口吃掉的蒸熟的土豆块，对足利市民来说，是最习以为常的事。如果在其他地方吃炒荞麦面，面里没有土豆，足利市人就会觉得不习惯。

# 中国游客不可错过的栃木县景点

## 足利学校

足利学校是日本公认的最古老的学校。1921年其遗迹被确定为国家级历史遗址。

关于学校的创建时间,当地人有各种说法,常见的说法大概是在奈良时代或平安时代或镰仓时代,但有据可查的时间是室町时代。

当时任关东管领的上杉宪实向学校捐赠了儒家五经中"四经":《诗》《书》《礼记》《春秋》,他的儿子宪忠又捐赠了《易经》(《周易注疏》),后代宪房也捐赠了经典书籍。

应仁之乱(1467年—1477年)以后,直至16世纪前半期,在这里学习《易经》的僧人众多。足利学校号称有学徒三千,成为当时日本的最高学府。甚至传教士方济各·沙勿略(1506年—1552年,西班牙人,最早来东方传教的耶稣会士。他是耶稣会创始人之一,最先将天主教传播到亚洲的马六甲和日本。)

向西方世界介绍时,称赞足利学校是"日本坂东地区(指足柄峠、碓冰以东的各藩镇)最大最有名的大学"。

1872年,足利学校被废,但是有志之士立即发起了保护运动。足利学校已然成为市民心目中家乡的象征、心灵的寄托之地。这种乡恋一直萦绕于当地人心中,足利学校终于在1990年得以复建。

时至今日,每年11月,足利学校都要举办"释奠"(把祭祀山神,河神,以及先圣·先师的仪式称为释奠。——编译注)仪式,相传这是中国东汉光武帝祭祀孔子及其七十二弟子时的仪式。

足利学校还有不少和中国有渊源的建筑。

首先是杏坛门,即孔庙的门,仿照中国山东省济宁市曲阜市的孔庙(联合国教科文组织确定的世界文化遗产)内的"杏坛"而建。1668年初建,1892年门楣和门扉毁于火灾,之后重建。至今门柱上还留有当年火烧的痕迹。

穿过杏坛门,就来到了孔庙。内部的建筑物建于1668年,完全模仿中国明代寺庙的样式修建,依照曲阜,孔庙里供奉孔子的大成殿而得名,也称为"大成殿"。

如此看来,足利学校基本仿照曲阜孔庙而建。人们不用远赴曲阜,就可在当地一览孔庙的威仪。孔庙内大殿中央供奉着十分少见的孔子坐姿像,此像相传是1535年雕刻而成。

# 与中国各省市结成友好城市的行政自治体

**栃木县——浙江省**

鉴于两地农业发达且经济状况较好,双方于1986年开始友好交流。自1989年双方签订友好交流协议以来,栃木县与浙江省在经济、文化、教育、科学技术等各领域开展了广泛合作。1993年10月,双方又签订了深入合作协议。

1997年11月,作为长期友好交往交流的基地,栃木浙江友好会馆在中国杭州西湖湖畔建成。因栃木县的县花为杜鹃花,所以该会馆又名杜鹃楼。栃木县市民访华团等到访浙江省时大多在此住宿。

**宇都宫市——齐齐哈尔市(黑龙江省)**

太平洋战争时期,宇都宫市的陆军第14师团到达齐齐哈尔,之后将制作饺子的方法带回家乡,并由此在周边传开。1980年5月,宇都宫市第一次访华团一行六人访问了齐齐哈尔市。之后，双方在很多方面开展进一步交流，比如派遣市民访问团和考察团，接收留学生和研修生。

在此有必要提一下，宇都宫市每年人均饺子的消费量一直排在日本前列，很多时候都是第一名。

## 足利市——济宁市（山东省）

有"孔孟故里、礼仪之邦"之称的济宁市，是孔子、孟子的出生地，1984年足利市与其结为友好城市。

足利市有一株树龄800年、树高超过20米的黄连树（楷树），是双方城市友好交流的天然纪念物。据说在曲阜，自从孔子的弟子子贡栽下楷树，种植楷树的传统便在当地世代相传，至今深受人们喜爱。

## 鹿沼市——铁岭市（辽宁省）

1982年起两市开始了民间交流。1992年3月两市正式结为友好城市。近年来，通过开展青少年体育交流等活动，双方的友好交流不断推进。

## 小山市——本溪市（辽宁省）

1985年5月，本溪市环境保护局考察团访问小山市。自此以后，双方在环境保护、艺术、教育等方面开展了各种交流活动。1994年，在小山市建市40周年之际，两市举行了友好交流协议签字仪式。

# 三 茨城县

关东北端的「偏僻之地」。

## 简　介

　　江户时代，大阪被誉为"天下粮仓"。按照这种说法，茨城县最起码可以称为"首都圈的粮仓"。该县莲藕产量占全国的47%，青椒、鸭儿芹、生菜、白菜、紫苏、牛蒡、红薯等家常蔬菜，大多产自茨城县。但是茨城人并不因此而自居，大约强者都很超然。

　　人们普遍认为，茨城人的性格特征是具有理想家的气质，比如认定目标坚定不移，会置之死地而后生，无论何时茨城人自身都隐藏着巨大的能量。

　　茨城县内，筑波山的影响力无可匹敌。几乎县内所有学校的校歌里都会出现"筑波山"，大约是因为筑波山总能够给人以正能量。

　　茨城人的冒险精神与好奇心非常强烈，比如木村安兵卫发明夹馅面包，间宫林藏喜欢探险到过萨哈林岛，德川光圀是日本第一个吃拉面、喝牛奶的人，这些人都出身茨城县。

**茨城县的与众不同：**

①每户住宅占地面积在全日本排名第一。

②日本第一个喷水池，建于水户市的偕乐园。

③据说鳗鱼饭的发源地是现在的茨城县龙崎市。

## 茨城县的地理概况和气候条件

茨城县位于关东地区的东北部,古时覆盖常陆国的全境及下总国的北部,在没有政令指定都市(是日本的一种行政区制,享有一定程度的自治权,但原则上仍隶属于上级道、府、县的管辖。目前日本有 20 座城市被列为政令指定都市。——编译注)的县中人口最多,全国排名第 11 位。

日立市及日立那珂市所在的北部地区,一直是工业发达地区,而且面临太平洋及八沟山地,有着优越的自然环境。

县厅所在地为水户市,茨城空港所属的小美玉市,在茨城县中部。

东部是以鹿岛市和神栖市为中心的鹿岛临海工业区。"鹿岛"在日语中的汉字写法比较特殊,因为与佐贺县鹿岛市重名,1954 年建市时特意将汉字写法定为"鹿嶋"。

关东平原的西部地区是农业区。南部地区是筑波研究学园都市,过去给人感觉距离很远,但是现在开通了筑波特快列车,从根本上改变了与东京都中心区的连接方式。便利的交通正促使筑波市快速发展为东京的睡城。

在筑波市北部，由西侧的男体山（海拔871米）和东侧的女体山（海拔877米）组成筑波山，是茨城县的重要象征。

茨城县东南部是霞浦湖，面积达220平方千米，是日本第二大湖。其部分区域属千叶县管辖。

茨城县因地理位置的差异，形成了五种气候类型。

北部因处于太平洋沿岸地区，气候相对温暖，冬季不冷，夏季不热。但是在山区，冬季则降温明显，是茨城县境内气温最低的地方，有时会在零下10℃左右；夏季白天酷热，夜晚凉爽。

东南部属海洋性气候。夏季清凉，冬季降温幅度不大，几乎无积雪，是茨城县境内冬季最暖和的地区。但是西南部夏季炎热，常见酷暑天和高温夜。冬季易受干燥冷风影响，但与县内其他地区相比昼夜温差并不是很大。

中部以及南部地区的平原地带，是关东平原冬季气温最低的地区。筑波市曾有最低气温的记录，低至零下17.0℃（1952年2月5日）。水户市周边地区受东北风影响，会有突发性降雪。只有霞浦湖周边地区降温不明显，夏季受东北方向的气流影响，夜晚温度不高，春末至初秋期间偶尔会出现龙卷风。

**茨城县相关数据：**

面积：6,097.06平方千米

总人口：2,914,531人（截至2016年2月1日）

人口密度：478人/平方千米

相邻都道府县：福岛县、枥木县、埼玉县、千叶县

# 茨城县人的性格特点

## 水户范儿

过去京都人把那些粗野的关东武士蔑称为"东部的野蛮人"。那时茨城县也被称为"关东的陆奥"（陆奥，即日本东北地区，指偏远地区。——编译注）。

"只是盗贼众多，抢劫、绑架、杀人等，罪恶昭昭，却毫无羞耻之意……无一丝礼义的顾忌，一如生来就是恣意妄为之徒。"这是《人国记》里的记载，对茨城县人的评价如此不堪，让人稍感意外。

江户幕府开始后，德川家直接管理茨城县，称为水户藩。由于距离江户城距离近，所以当时没有修建城池，所辖地区从北关东直到东北地区南部。

当时人们用"水户范儿"来形容水户武士特有的气质，意思是认死理儿、傲气、易怒，容易感情用事，经常惹是生非。除此之外，茨城县人应该没有什么突出的特征了。

明治维新时期，茨城县所在地区被水户藩以及其他大大小小的大名割据，虽然茨城县全境几乎都在关东平原，交流方便，水户武士的气质依然传遍整个地区。

比如日本足球联赛的强队鹿岛鹿角队的球迷们到现场助战时，能量爆棚，热火程度堪与埼玉县的浦和红宝石队齐名。如果看到现场的狂热，不管喜不喜欢足球，你都能感受到他们的骄傲。

当球队不如所愿遭受惨败时，球迷们就会火冒三丈。为何茨城人都坚定地支持鹿岛鹿角队，而对一直在 J2 联赛（即日本乙组职业足球联赛——编译注）苦苦挣扎的水户蜀葵队却很少关注？道理很简单，在那里人们更容易发泄自己的情绪，更加充分展现水户范儿。这种风格，至少到战前还是非常突出的。

江户幕府末期，1860 年，鼓吹开放政策的政界大佬井伊直弼在江户城樱田门外，被尊王攘夷派激进的水户浪人暗杀，史称"樱田门外之变"。据说，此事是部分水户武士对藩主德川庆喜的父亲德川齐昭遭受处罚心怀不满而发动的。

在京都，剿灭长州武士的过程中也有很多水户武士参与。

此外，"坂下门外之变""天狗党之乱"等，其中一部分原因是因为武士坚持自己的信义。。

明治维新前夕发生的一系列流血事件，有很多水户藩的武士或浪人参与，绝非偶然。幕府末期，水户学（以儒学思想为中心，结合国学、史学、神道，倡导尊王和大义名分。——编译注）对很多藩镇有深刻影响。作为发源地的水户，很多持保守思想的藩镇武士选择脱离藩镇管辖，为自己的信念殉道。

**对家乡"似有非有"的情绪**

现在已经几乎感受不到茨城县人的这种气质了，他们的个性正在慢慢地消失。

茨城县作为农业大县，从事生产经营的农户（经营耕地面积在3000平方米以上或农作物年销售金额在50万日元以上的农户）数量，以及耕地面积占行政区域总面积的比例，茨城县均为全国第一位，至今农业年产出额仍居全国第二位。

茨城县与千叶县共同为东京提供了大量的农副产品，甚至可以说担负着整个首都圈后厨的角色。说句大实话，如果没有茨城县的贡献，首都圈真挺不住啊。

举个例子，鸡蛋作为价格低廉、营养均衡的食材，茨城县的产量荣居日本之冠（据2014年农林水产量统计）；在首都圈（关东地区以及山梨县）、长野县和静冈县共计10个都和县中，猪肉产量居居第二位、牛肉产量居第一位（依据关东农政局资料）。其他如白菜、青椒等日常消费的蔬菜，产量也很大。

但是形势正在变化。近年来，茨城县西南部正逐步进入东京的通勤范围。在常磐高速沿线的取手、守谷、牛久、龙崎等地，因2005年开通了筑波特快专线（连接秋叶原与筑波的铁路，最快45分钟到达），住宅的开发与建设得到长足发展，预计今后人口数量将不断增长。

对于由农田、森林改造而成的新开发区，人们还需要很长时间慢慢适应。他们的想法由"当初只是想临时住",逐渐变成现如今的"可能还会有更好的地方吧"。当地居民的种种言行,总是透露着一种莫名其妙的不安气氛。

茨城县原住民还在逐步减少,当地社会正变得愈来愈冷漠。不仅东北地区的淳朴民风逐步丧失,还由于没有完全城市化,导致现在茨城县的民风有些不上不下、不伦不类。目前只有距离东京比较近这一点还稍有吸引力。

因此茨城县人对家乡的热爱程度比以往大幅下降。在对47个都道府县的调查中,茨城县排在第46位(最后一位是埼玉县,2010年)。排名第一的冲绳县达到了69.2%,茨城县只有28.5%,差距明显。而在家乡的魅力度调查方面,茨城县则排在最后一名。

虽然如此,茨城人还是对家乡保留了一点"似有非有"的感情。

比如,如果你对茨城人说"ibaragi"("茨城"的日语发音)的时候,茨城人马上就认定你是外乡人了,便会立即一本正经地更正:"不是ibaragi,是ibaraki呦。ibaragi在大阪,这里是ibaraki。"(实际上大阪府的茨木的读音也是"ibaraki")

在日语里,茨城的"城"字读作"ki",没有"gi"这种读法。如果对口音似是而非的外地人,乍听上去会完全混乱。

但对外地人来说,不管是"ibaraki"还是"ibaragi",没什么太大的区别,但是挑剔的茨城人对此是绝对不能充耳不闻的。

当然名字的确是相当重要的,特别是关系到自我的时候。

不论是谁，如果自己的名字被弄错，心里都会不舒服，甚至都有可能不愿意再听对方讲话了。

希望不清楚这件事的外地人多多理解茨城人吧。

## 与媒体绝缘

2011年3月11日发生的日本东海岸大地震，给茨城县造成了相当大的破坏。但和岩手县、宫城县、福岛县相比，却并不为外界所知，一个主要原因就是茨城县没有自己的地方电视台。

地震发生后，东京的各大电视台向东北各县派出了大量的报道记者，但是对离家门口不远的茨城县，却没有太在意。茨城县内倒是有一家广播电台——茨城放送，但是因大家能收听到东京各台的节目，所以平时就几乎没人关注。

可能是受这些事情的影响，对于茨城县被归为首都圈这件事，茨城人颇为抵触。这一点与千叶县差不多。尽管去东京通勤的人愈来愈多，茨城县愈来愈受大城市的影响，但依旧保留着原来的风土人情。但总体来说，比上不足比下有余。

## 使用方言的茨城巡查

茨城县还有一个明显特征，就是方言情结。茨城方言与福岛县南部接近，语言较为生硬，独特之处是句尾音调上扬。

在NHK全国县民意识调查中，有一个问题是"对使用方言感到不好意思吗？"回答"是的"的茨城县人相当多，比例仅次于福岛县。

当然,对于"喜欢本地的语言吗?""希望当地的语言能得以延续吗?"这类问题,持否定态度的人占比在全国几乎最高。

关于茨城县方言,还有一个有意思的故事。

戊辰战争中,水户藩被官军击败。明治维新后,原水户藩出身的人官场之路被断了,导致很多士族当了警察。一时之间,茨城县出身的警官在警士厅占三分之一还多,因此出现了"茨城巡查"这样的词。

从语言学的角度看,茨城县与相邻的栃木县都是不常使用敬语的地区。茨城县的方言,本身就给人一种粗鲁感。由于不太会说客气话,愈发让人感觉警官都很傲慢。

在交通方面,茨城县有着首都圈各县的共同特点,与东京连接的南北方向交通非常发达,但是东西向的铁路等交通干线至今发展缓慢。为赶到鹿岛鹿角队的比赛主场,从茨城县西部的古河市、筑西市、结城市出发,如果不开车,要耗费一天的时间。从茨城县北部的日立市、高萩市出发,同样不省时。

正如前面所讲的那样,茨城人的想法显然愈来愈分化,甚至在城市基础设施方面都不能统筹发展,把茨城县团结成一个整体真的非常困难。

# 茨城县的重要数据和知名人士

**栃木县在日本名列第一的几个领域**

| 领域 | 数据 |
| --- | --- |
| 布丁消费量（2012年） | 2,071日元 |
| 甜瓜消费量（2010年） | 12,519克 |
| COCO'S店铺数量（2015年） | 68家 |
| 研究机构数量（2014年） | 323个 |
| 沙丁鱼捕捞量（2013年） | 56,210吨 |
| 鲐鱼捕捞量（2013年） | 68,620吨 |
| KS'电器连锁店店铺数量（2011年） | 35家 |
| 自行车被盗立案数（2014年） | 2,103件 |
| 重要盗窃案立案数（2014年） | 7,108件 |
| 在日泰国人（2015年） | 4,554人 |
| 莲藕产量（2013年） | 30,600吨 |

## 茨城县出身的名人

**政界：**

中村喜四郎（境町）

**商界：**

木村安兵卫（牛久市），"木村屋"（面包制造）总店创始人、豆沙面包的发明人

黑泽酉藏（常陆太田市），雪印乳业创始人

小林孝三郎（阪东市），高丝化妆品创始人

铃木健儿（那珂市），上州屋（钓具、户外休闲品）公司创始人

稻叶清右卫门（筑西市），FANUC（发那克）电器公司创始人

**文化界：**

横山大观（水户市），画家

出久根达郎（行方市），作家

折原美户（石冈市），漫画家

柳町光男（潮来市），电影导演

深作欣二（水户市），电影导演

大月俊伦（水户市），动画制片人

斋藤优一郎（守谷市），动画制片人

吉冈高尾（境町），动画编剧

富冈哲也（筑波市），动画制片人

永井路子（古河市），作家

池边晋一郎（水户市），作曲家

## 演艺界：

石井龙也（北茨城市），"米米CLUB"组合主唱

饭岛真理（土浦市），歌手

梅宫辰夫（水户市），演员

白石美帆（常陆大宫市），演员

永作博美（行方市），演员

三浦春马（土浦市），演员

矶山沙耶香（铇田市），演员

仓田保昭（筑波市），演员

松居直美（筑波市），演员

绫部祐二（古河市），"PEACE"搞笑组合成员

## 体育界：

大久保博元（大洗町），原东北乐天金鹰职业棒球队教练

片山晋吴（筑西市），职业高尔夫选手

# 茨城县特有的风味美食

冬季的美味：安康鱼

号称"东有安康、西有河豚"。在港口小镇平潟（今北茨城市）附近海域，可以捕捞到安康鱼。对当地的渔民来说，这是冬季

茨城县安康鱼火锅

的美味。安康鱼火锅现在已经推广到了全国，已然是冬季宴会上的高档菜品。

吃安康鱼火锅是当地人的大爱。安康鱼脂肪含量高，冬季食用有暖身的功效。为降低安康鱼对身体的不良影响，制作时要多加应季的蔬菜，一并在锅中慢火煮炖，直至炖出一锅鲜美的鱼汤。

## 方便食品：SOBORO 纳豆

提到茨城、水户，不得不说纳豆。水户纳豆，特点是选用茨城县北部产的小粒黄豆做原料。SOBORO 纳豆是将萝卜干与纳豆一同用酱油腌制而成的方便食品，味道朴素而绵长，下酒、下饭皆可。很多吃不了纳豆的人，对 SOBORO 纳豆却不反感。

## 家传菜谱：莲藕料理

茨城县的莲藕产量在日本排名第一。以莲藕为原材料的食品可谓丰富多样，其中具有代表性是煮莲藕。这是霞浦湖周边地区新年或婚丧嫁娶时必不可少的一道菜，另外还有蒲烧藕片、炒藕丝、炸藕片等。可以说每家每户，从母亲到女儿或者儿媳妇，都有一道世代相传的莲藕菜谱。

# 中国游客不可错过的茨城县景点

**偕乐园**

　　偕乐园的名字源于中国《孟子》中孟子见梁惠王一段,"古之人与民偕乐,故能乐也"。相传,1842年水户藩第九代藩王德川齐昭"希望在领地内有一处与民同乐的场所",于是修建了偕乐园。偕乐园里栽种着100多个品种共3000多株梅花。

　　园内建有"好文亭",源于晋武帝所言:"好文曾梅开,废文则梅谢。"

**德川博物馆**

　　馆内展示有水户德川家传的近三万件图书、器具。因编纂了《大日本史》而闻名的德川光圀,十分景仰朱舜水,特地邀请他到水户。朱舜水是儒家学者,取明代王阳明儒学阳明派学说,自成实学派,对日本"水户学派"的形成有着巨大影响。

朱舜水去世后,葬于历代水户藩主的墓地瑞龙山,但是墓地没有对外开放。墓地依照儒教规制建成,基座为赑屃——龙首龟身的神兽。

# 与中国各省市结成友好城市的行政自治体

## 古河市——三河市（河北省）

1994年8月，在总和町（2005年与古河市合并）举办了慈善音乐会。当时募集的资金主要为了中国的儿童福利和环境绿化，通过宋庆龄基金会捐赠给河北省三河市。第二年，三河市邀请日方参加植树纪念，双方以儿童教育文化为中心的交流活动就此展开。1999年11月双方签订了友好交流协议。总和町和三和町都并入古河市后，于2006年5月与三河市签订了新的合作协议。

## 常陆太田市——余姚市（浙江省）

德川光圀晚年的隐居地"西山庄"，位于现在的常陆太田市。德川光圀曾拜朱舜水为师，而朱舜水的家乡即浙江省余姚市。因为有此历史渊源，常陆太田市非常重视与余姚市的交流，1994年9月，太田市市长率友好亲善访华考察团访问了余姚市。

双方以此为契机，在1999年11月签订了友好城市协议。

## 取手市——桂林市（广西壮族自治区）

两个城市的地形相似，都是"被河流包围"，而且取手市的"市树"就是桂花树，这些都成了双方交流的缘由。在1972年中日联合声明发表和1978年《中日友好条约》签订后，双方不断互派市民、学生。1990年，双方签订了友好城市协议。

## 筑波市——深圳市（广东省）

1992年应深圳市的邀请，筑波市派遣了市民访问团。2004年6月，双方正式缔结了友好协议。

## 鹿岛市——盐城市（江苏省）

1999年，盐城市派团访问日本时，表达了与日本城市建立友好交流关系的意愿。此后，盐城市向鹿岛市发送了邀请函，双方开始交流。翌年5月，为双方建立友好城市关系，鹿岛市各界代表向盐城市派遣了考察团。2002年11月，双方正式签订友好协议。

## 神栖市——上虞市（浙江省）

两个城市都是港口城市，而且化工业很发达。鉴于这些共同点，日中友好协会向神栖市介绍了上虞市。2007年，神栖市派团访问了上虞市。翌年，上虞市回访，双方深化了交流活动。

2009年2月双方缔结友好城市协议。

### 美浦村——桂林市临桂县（广西壮族自治区）

1990年11月，当时的新治村、出岛村、美浦村共同与临桂县签订了友好交流协议。但是后来新治村编入土浦市，出岛村改为霞浦町（后又并入霞浦市），因此于2008年8月，美浦村单独与临桂县再次签订了友好交流协议。

# 四

## 千叶县

爽快干脆,不拘细节的乐天派居多。

# 简　介

在日本这样的小岛国的边缘地区，总好像积蓄着某种特别的能量。萨摩（今鹿儿岛县）、肥前（今长崎县、佐贺县）位于九州的边缘，长州（今山口县）位于本州的边缘，土佐（今高知县）位于四国的边缘，这些城市的藩主曾领导了明治维新。与长州相对的千叶县，也似乎蕴藏着这种不寻常的能量。

千叶县最东端的犬吠埼，是全日本最早看到新年太阳的地方（除富士山山顶）。太平洋彼岸是夏威夷，更远的地方是美国大陆。在这广阔天地之间生活的人们，感受着太平洋的气息，不知不觉养成了宽阔的胸怀也就不奇怪了。

在江户时代，千叶县内有将近 20 个小藩国及军队大营，可能因为幕府对临近的周边地区严加戒备，特意把情况搞得错综复杂，不希望周边团结成一体。但是，得益于为江户城运送各种物资建成的发达水路运输线，千叶县实际支配着江户城的日常运行。受此影响，千叶县人至今对东京不以为然。

**千叶县的与众不同：**

①在八千代市建成了日本第一个居住小区。

②酱油的产量在全日本位列第一。

③松户市是 20 世纪生梨的发祥地。

# 千叶县的地理概况和气候条件

千叶县位于关东地区的东南部,东侧与南侧是太平洋,西侧面向东京湾,三面环海。

北部是关东平原的一角,南部为房总丘陵,最高处是海拔仅408米的爱宕山,显然平均海拔非常低。严格地说,千叶县境内几乎没有真正的山。

千叶县与茨城县、埼玉县、东京都相邻,但都以海或河分隔。在利用陆路交通前往上述地区时,除极少的一部分地方外,大都需要通过桥梁或隧道。

由于千叶县三面环海,所以航运业非常发达,便于接触外来文化,具有一定的地理优势。

实际上,在江户时代,旧下总国(今千叶县北部)是江户城与外海连接的重要运输通道。只是当时利根川流入江户湾,河水时常泛滥,成为交通堵塞的一大祸患。

因此,德川家康下令修建了一个大规模的水利工程,改变利根川的河道,改入海口到铫子。德川家康的设想是,构建江户城——检见川——印潘沼——利根川——那珂凑（今茨城县日立那珂市）的水运航道，确保由江户城至外海的物流通道。但是财政状况和不发达的施工技术，导致工程一再受阻，最终完成已经是 1969 年了。

千叶县南部属大平洋式气候，胜浦、馆山等南房总一带整年气候温暖，加上受日本海流（黑潮）的影响，所以这里是关东地区春季最早到来的地区。因临海，夏季时这里还设有为数众多的海水浴场。

相反，下总台地区属大陆性气候，冬季寒冷。从西北部到东北部，特别是佐仓市、成田市及香取市周边，受筑波山下山风影响，冬季最低温度能达到零下 8℃左右。但是，即使下雪，积雪最多几厘米而已。

千叶县船港

京叶地区农田很少，人口密度高，容易受热岛效应影响，与东京都中心地带的气候差不多。千叶市 1 月份最低平均气温是 1.9℃，与位于南房总的鸭川市的气温 1.5℃ 和馆山市的气温 1.0℃ 相比，高出不少。

**千叶县相关数据：**

面积：5,157.65 平方千米

总人口：6,225,396 人（截至 2016 年 2 月 1 日）

人口密度：1,210 人／平方千米

相邻的都道府县：茨城县、埼玉县、东京都

# 千叶县人的性格特点

**千叶县的尴尬**

提起千叶县,东京都人(指土生土长的东京人,俗称江户人。——编译注)总会说:"就是不想住那儿。"甚至有人说:"埼玉县还凑合,千叶县嘛……"千叶县、埼玉县都是与东京都隔河相望,东京人如此嫌弃千叶县,真是不可思议。

其中最为明显的是与东京最近的海湾地带。海湾指的是东京湾,太平洋战争结束后至今40年间,这一带住宅建设有了长足发展,人口猛增。

对那些土生土长的东京人来说,海湾地带的稻毛海岸和幕张海岸,就是一个赶海的地方而已。如山本周五郎在《清船物语》中描述的那样,浦安等地不过是一个普普通通的渔港。

就是这个浦安市,在东京迪斯尼乐园建成后,开始了大规模的住宅开发和建设,现在已然发展为千叶县内公认的高档住宅区。但是,新移民中还是有人宣称:"这一带与千叶没关系,因为这里是东京的一部分。"更极端的说法是:"浦安确实属于千叶县,但绝对与那个千叶不同哦。"虽然他们的住所在千叶县,但是这些人发自内心地想做东京人,只要稍有机会就要与千叶县脱离关系。

但是在我们看来,这不过是遭受挫折后感情的宣泄而已。可能这么说有点过分,在那种表达方式下掩盖的不过是对东京的向往之情。他们真心希望住在东京都内,但是很难做到,所以内心懊恼并愤愤不平。

在市川市、松户市等与东京都相邻的地区,不少新迁来的人都抱有相同的想法,与船桥市、习志野市的情况可能大致相同。

早先,东京平民区的人做生意赚了钱后,多将别墅建在市川。松户市战前就有在东京都经营的大型陵园,西条八十(日本诗坛的象征主义诗人——编译注)、嘉纳治五郎(日本明治时期到昭和时期的柔道家、教育家——编译注)等名人都长眠于此。

以前,在千叶县县厅所在地千叶市以外地区,并没有多少人定居。后来,日本进入经济高速发展时期,人口向东京高度聚集,在东京都工作的人们,为通勤的便利而迁到这里。结果,不知不觉中市川与松户市一带演变成了住宅密集的卫星城。

## "千叶都民"的复杂心态

综合以上情况,在说到千叶县人的气质时,不能不把海湾及其周边地区排除在外。与埼玉县的情况相同,千叶县的大半人口是"千叶都民"。千叶县的新移民特别讨厌别人将自己与被称为"土老帽"的埼玉县人相提并论。其实从大家对东京的执着劲儿来看，不过是五十步笑百步。

如果只是拿这部分"千叶都民"的复杂心态来判定千叶县人的性格，未免对土生土长的千叶人有失公允。

40多年前，东京的卫星城市还没有发展起来，连接东京与千叶的铁路只有JR（旧国铁）的总武线和民营铁路的京成线。那时候，登上总武线的电车，经常遇到背着花生出门的农家妇女，足以证明当时的千叶就是个农业县。

过去，千叶县北部的八街市，是德川幕府的放牧地。到19世纪末，八街市已经变成了全日本闻名的花生产地（当时八街市的花生占全日本产量的七成），现在则完全变成了东京都的睡城。

与东京相邻的几个市，以及八千代市、流山市、成田市、佐仓市、佐原市、铫子市等，位于千叶县北，属旧下总国。下总国地区的南侧，以市原市、目更津市为中心，属旧上总国。再南边，馆山市、鸭川市等沿海地区，属旧安房国。

与埼玉县相同，距离东京都越远的地方，千叶县原住民越多，他们还保留着千叶县人的传统性格。当然，民风与人们的经济文化水平也是息息相关的。

直到不久前，千叶县还发生过通过贿选使黑社会成员成为国会议员的事，生活在东京这样大都市里的居民无论如何是不能理解的。

千叶县县知事、市町村长和地方议会议员的贪污事件频发。

鉴于这些不可思议的事情，东京人对千叶县人的印象还是种花生的土老帽而已。巧合的是，在美国，"花生"指的是贿赂用的现金。东京都人大多瞧不起千叶县，这也是原因之一。

## 对东京都的无限向往

不管怎样，与一国的首都相邻，总会给当地居民带来很大影响。江户时代起，下总国的人们就对江户无限向往。但是对旧上总国和旧安房国的人们来说，江户城太远了，因交通不便，也就不想了。

近代，这三个旧藩国合并成了千叶县，这种情况依然没有改变。随着旧下总国地区人口的飞速增长，这种倾向愈来愈清晰。

以教育为例，千叶县的高中生还是向往能考入东京都内的大学。尽管本地有千叶大学这样的历史悠久的国立大学，但是千叶县内首屈一指的公立高中如千叶高校，与浦和高校（埼玉县排名第一的学校）、湘南高校（神奈川县名校）相比，升入东京大学的人数基本相同。

在北总高地的门前町、成田等地，经过与当地居民的各种纠纷后，终于建成的新东京国际空港和东京迪斯尼乐园都被冠上了东京的名字，体现出当地人对大都市的向往。

由于对东京的向往过于强烈，导致千叶人对自己生活过的千叶县无论如何都爱不起来。在NHK全国县民意识调查中，对于"喜欢千叶县吗？"这个问题，千叶人回答"喜欢"的比例仅高于埼玉县；表示"愿意住在自己现在居住的地方"的比例在全日本排倒数第二（倒数第一的仍旧是埼玉县）。

## 模棱两可的千叶人

千叶县的东侧和南侧是太平洋，西侧是东京湾，北侧与茨城县相邻，但隔着宽阔的立根川和霞浦湖。看千叶县的地图，你会发现，在全日本，这样与其他地区分隔开来的情况并不多见。

江户时代，包括天领（幕府的直接管辖地域）在内，千叶县内林立着16个小藩国，可说是四分五裂。距离东京最远的旧安房国的居民是从四国的阿波国（今德岛县）利用黑潮漂流而来的人们的后裔。他们继承了旧阿波国人表面慷慨大方、内里精打细算的性格。

从遥远的四国经海路漂泊而来的旧阿波国人在这里登陆之后，向北深入内陆，进而向东、向西发展，因此可以说，即使是土生土长的千叶县人也流淌着这些依靠大海生存的人的血液。

不论是旧安房国还是千叶县，大部分地区都邻海，气候温暖，土壤肥沃，地理环境优越。这些人经常与大海打交道，性格大多爽快干脆，不拘细节的乐天派居多。

站在可以包容天地的大海面前，人类很容易认识到自己无论如何也无法战胜这样的自然力量，便会不由自主地妥协。因此，千叶人谦逊、不张扬的性格自然而然养成。再者，东京近在咫尺，其存在感过于强大，也容易使千叶人产生得过且过、敷衍了事的情绪。

当然，受东京人的影响，他们不仅处事精明，而且适应能力很强，比较容易相处。

缺点就是，不遵守规则。在千叶县，关于"对外人撒谎""夫妻之外的性关系""赌博"等事情，有些人的态度模棱两可，说到底，也是因为千叶人对很多事情都无所谓。

因此，刑事犯罪认定数量在全日本排第八位（2009年数据统计）。其中，抢劫、恐吓、伤害等暴力犯罪频发，就是这种无所谓的态度和离谱的宽容泛滥成灾的结果。

然而，这样的千叶县人却非常喜欢高尔夫这种绅士运动。这里高尔夫球场的数量在全日本排第二位（2014年数据统计），高尔夫球杆拥有率居于全国第七位（2009年数据统计），打高尔夫的人数排在第七位。

除此以外，针对"平时生活尽可能节俭，希望留下点财产""希望过平静稳定的生活吗？""家里日常交往的亲戚多吗？""喜欢家乡人的风土人情吗？""是否应尊重天皇？""神或佛都行，希望有心灵的寄托吗？"等问题的肯定回答次数，千叶人在全日本居第46位。

"对日常生活中，与各自追求自己喜好的生活方式相比，全家人在一起更重要""即使生活节俭点，为孩子的教育多花点钱是值得的""为了提高孩子的能力，上补习班是必要的""喜欢自己家乡的方言吗？""可以强烈感受到与自己的祖先心灵相通"等问题的肯定回答（均出自NHK全国县民意识调查），千叶县都在全国排最后一位。与其他各县相比，千叶人的想法还是有很大区别的。

# 千叶县的重要数据和知名人士

千叶县在日本名列第一的几个领域

| 领域 | 数据 |
| --- | --- |
| Saizeriya连锁餐厅（主营意大利餐）的店面数（2015年） | 113家 |
| 25岁以上参与徒步、体操等体育运动的人数（2011年） | 1,916,000人 |
| 菠菜产量（2013年） | 34,300吨 |
| 烧酒产量（2013年） | 156,088千升 |
| 医师增加率（2014年） | 15.04% |
| 草莓的产量（2010年） | 27,900吨 |
| 高中足球比赛的胜率（最近10年）（2015年） | 75.76% |

## 千叶县出身的名人

**政界：**

野田佳彦（船桥市），前日本首相

志位和夫（四街道市），日本共产党委员长

**商界：**

饭岛延浩（市川市），山崎面包（公司）创始人

福原有信（馆山市），资生堂创始人

松本清（松户市），大型药妆店 matsumotokiyoshi 创始人

**文化界：**

米村传治郎（市原市），《科学》节目制片人

伊坂幸太郎（松户市），作家

菊地秀行（铫子市），作家

村山由佳（鸭川市），作家

椎名诚（千叶市），作家

中泽硅（馆山市），作家

佐濑寿一（胜浦市），作曲家

滨冈贤次（浦安市），漫画家

本宫宏志（千叶市），漫画家

**演艺界：**

相叶雅纪（千叶市），岚（男子组合）成员

有冈大贵（习志野市），Hey！Say！JUMP（男子偶像组合）成员

市井纱耶香（船桥市），原早安少女组合成员

前田敦子（市川市），原AKB48（少女偶像组合）成员

阿部贞夫（松户市），演员

伊藤淳史（船桥市），演员

积木美穗（市川市），演员

真木洋子（印西市），演员

荻野目洋子（柏市），歌手

仓木麻衣（船桥市），歌手

**体育界：**

阿部慎之助（浦安市），读卖巨人职业棒球队球员

高山俊（船桥市），阪神虎职业棒球队球员

福浦和也（习志野市），千叶罗德海洋职业棒球队球员

高桥由伸（千叶市），读卖巨人职业棒球队教练

宫间绫（大网白里市），原女子足球选手

青木功（我孙子市），职业高尔夫选手

丸山茂树（市川市），职业高尔夫选手

铃木大地（习志野市），体育厅长官

其他：

森花子（大原市），NHK 播音员

枡太一（千叶市），日本电视播音员

水卜麻美（市川市），日本电视播音员

安藤优子（习志野市），新闻节目主持人

# 千叶县特有的风味美食

### 渔民餐：鱼肉饼

鱼肉饼原本是渔民在船上的食物，又称冲脍。制作时，将竹荚鱼、秋刀鱼、沙丁鱼等无鳞鱼切成肉片，放入大酱、日本酒腌制，然后码上大葱、紫苏、生姜等，放到菜板上，用菜刀剁碎到黏稠状，即可食用。根据材料不同，该食物还可以称作竹荚鱼肉饼、秋刀鱼肉饼。

### 烤鱼饼

直接将鱼肉饼放在铁板或铁网上烤，或者放到扇贝或鲍鱼的外壳上，用山茶叶包裹烤制而成。

### 秤星盖饭

将海鳗鱼收拾干净、炖熟之后，放在米饭上，就是通常所说的海鳗盖饭。其实这是在2007年为宣传东京湾沿岸出产的鱼类，以富津市商工会为中心研制的料理，现在已经成为该市的代表美食了。"秤星盖饭"的名称源于以前在鱼市上使用的杆秤。海鳗鱼身体细长，鱼体两侧的侧线连贯，好似刻满刻度的秤杆，故而得名。

# 中国游客不可错过的千叶县景点

### 爱新觉罗·溥杰府邸

清朝末代皇帝爱新觉罗·溥仪的亲弟弟——爱新觉罗·溥杰新婚时的府邸,位于千叶市的稻毛旧居,至今仍保存完好。

溥杰结婚是在1937年。当时稻毛海岸别墅林立,因有海水浴场,是一处人气很高的避暑圣地。溥杰与夫人生活的府邸是座木结构的建筑物,内部展品有溥杰的亲笔手书和照片等。

### 梅屋别墅

梅屋庄吉位于伊角市,这里与孙文和蒋介石有着很深的渊源。

1916年,梅屋庄吉购入伊角市面积达1,500坪(日本传统的面积单位,1坪等于1日亩的三十分之一,合3.3057平方米)的土地,修建了别墅。当时别墅修建在丘陵之上,据说,放眼望去可看到岸边青松挺立,太平洋的浪花不断涌来,拍打在白色沙滩上。

在长崎县出身的梅屋,年轻时曾远渡香港,积累了不少财富,1895年与孙文相识,二人结为兄弟。

之后,梅屋返回日本,参与创立了电影公司"日活株式会社"。当时,梅屋在东京日比谷的寓所是一座三层的西洋式建筑,之后那座建筑成为松本楼。

在伊角市的别墅里,不只有孙文、蒋介石等中国要人,连同犬养毅为首的日本政府人士也经常在这里聚集,讨论中日关系。

但是整个地区早已被平整建成新的住宅出售了,现在已经看不到传说中壮观的梅屋别墅,只是在原地建有纪念碑,还能看到石灯笼的残迹。

## 伊角铁道

伊角铁道从面向太平洋的大原海岸附近的大原站出发,横穿房总半岛,直达上总中野站,是一条第三方(非盈利机构)经营的铁路。作为关东地区的地方线路,在铁路迷中很有人气。大原站还与JR外房线相连,是沿线居民日常通勤、上学的线路。到油菜花开的季节,远道而来参观的不仅有铁路迷,还有众多观光客。

终点站上总中野站,与同样是地方支线的民营铁路小凑铁道相连。小凑铁道的终点站在五井站,又与JR线内房线连接。这样,由大原站到上总中野站再转乘到五井站,可以作横穿房总半岛的旅行。

# 与中国各省市结成友好城市的行政自治体

### 千叶市——天津市，苏州市吴江区（江苏省）

1978年《中日和平友好条约》签订之后，千叶市与天津市的青少年体育团体开始了交流，特别是在此期间国铁（JR）千叶站和天津站之间开展了多项交流活动。

1982年，日中友好千叶市议员联盟访华团到访天津市。次年7月，深层次的交流。1986年5月，两市签订了友好城市协议。

1995年，千叶市议会及市民代表开展了缔结新友好城市座谈会，协商的结论是"在亚洲范围内，最合适的城市是中国的吴江市"。1996年10月，千叶市与吴江市正式签订协议。2012年10月，吴江市改为苏州市吴江区，双方的交流并没有受到影响，且友好关系不断加深。

### 市川市——乐山市（四川省）

郭沫若的儿子郭和夫，在1979年访问市川市时，市川市向其表达了"希望与中国的一个城市建立友好关系"这一愿望。郭和夫推荐了郭沫若的出生地四川省乐山市。1980年4月，日中友好市川市议会议员联盟访华团到访乐山市。之后，双方互访不断。1981年，在市川市，两市市长签订了友好协议。

郭沫若在日本流亡期间的住所，后来被整体搬迁至市川市，建成了郭沫若纪念馆。

### 船桥市——西安市（陕西省）

1982年，西安市市长访问船桥市。翌年5月，以船桥市市长、市议会议长及议员、商工会所的负责人和部分市民组成的亲善考察团访问西安市并受到了热烈欢迎。1984年，船桥市书法使节团访问了西安市。同年11月，西安文化及物产展在船桥市举办，两市在文化和经济等领域交流活跃。

1988年4月，两市市长签订了《船桥市・西安市友好交流促进意向书》。之后，两市在各方面交流更加活跃。1994年11月，为了进一步发展船桥市与西安市的友好关系，并为日中两国的友好关系做出贡献，双方签订了友好协议。

### 成田市——咸阳市（陕西省）

1978年成田空港开始运营以后，成田市有了"通过与各国交流，市民能正确理解国外的城市，有助于成田的城市建设"的想法，并选定了咸阳市。咸阳是古代中国秦朝的都城，当时正在建设新机场，这点与成田市相似。成田市派遣了访问团，双方相互交流。1988 年，两市签订了友好协议。

## 柏市——承德市（河北省）

1980 年，以柏市市长为团长的日中友好柏市市民访中团两次访问了中国。经中日友好协会介绍，与承德市市长举行了亲切务实的会谈。同年 10 月，承德市市长在给柏市市长的信中，提出"希望今后两市市民增加交往,加深相互理解"的建议，双方开始了交流活动。

随着各项工作的顺利进展，1983 年 11 月，承德市市长率承德市友好代表团访问了柏市，双方缔结了友好城市协议。

# 五 埼玉县

永远有一种挥之不去的自卑感。

# 简　介

埼玉县总人口726万，其中94万人（约占总数的13%）在东京上学或上班，埼玉县只是他们夜里的住所。东京人总是称他们为"埼玉都民"，讽刺他们没有故乡的归属感，缺乏对家乡的热爱之情。其实东京人不应该这样嘲笑埼玉人。每到节假日，埼玉县内的温泉、山川等旅游景点，来来往往的绝大多数都是东京人，可以说，埼玉县对东京做出了很大贡献。

正像埼玉县宣传的那样，埼玉县真的是一个色彩缤纷、充满魅力的地方。从靠近群马县的熊谷和本庄（日本最炎热的地方）或者秩父出发，在满员的电车里摇晃两个小时才能赶到东京，埼玉人丝毫不厌烦。

埼玉人对新鲜事物和流行趋势非常敏感，为了力争走在时代和社会前列，其努力精神在首都圈内首屈一指。

很多埼玉人回家之后，会尽可能远离工作和学习，热衷于各项体育运动或旅游活动。比如，在日本足球联赛中，热度最高的比赛是浦和红钻队对阵大宫松鼠队（大宫松鼠队是日职联球队之一,球队总部设在埼玉市大宫区。——编译注)的比赛。

埼玉县以不同的方式不断推动着东京的发展,可谓是东京发展最默默无闻的功臣。

**埼玉县的与众不同:**

① 1946 年在蕨市首次出现的"成人仪式"后来普及到全日本。

② 2001 年—2010 年的 10 年间,晴朗天数位列日本第一。

③ 拥有荒川、利根川等河流,河流流域面积占全部土地面积的比例在日本位列第一。

# 埼玉县的地理概况和气候条件

埼玉县东西跨度约103公里,南北距离52公里,东西长南北窄。面积在全日本的47个都道府县中排在倒数第九位,但仍旧是香川县(位于四国,全日本面积最小的县。——编译注)的两倍。

埼玉县与七个都县接壤,相邻县的数量仅次于长野县(该县与八个都县接壤)。

埼玉县东部位于关东平原,地势低平。利根川的支流江户川和中川及其众多支流流经此地。

因为各条河流河床坡度小,河流弯曲,易引发洪水,所以埼玉县境内修建了世界上最大规模的地下排水工程,即首都圈外围排水系统(位于春日部市)和大相模调节池等一系列大规模的水利工程。

首都圈外围排水系统内部有规模宏大的调压蓄水池,其中粗大的支撑柱整齐排列,让人联想到庄严肃穆的神殿。电视节目、广告、电影中经常出现这个场景,普通人也可以预约参观。

埼玉县中部的荒川以西地区多为高地、丘陵，再往西就是关东山地了，秩父市在盆地中。因此，夏季降水量偏少，冬季则更少。

因为不临海，这里多呈现内陆型气候特征（冬季寒冷，几乎每天都能降到冰点以下）。秩父等地，隆冬时则更加寒冷，会降至零下10℃以下。

但是到了夏季，天气炎热，埼玉县全境几乎都是酷暑天。其中熊谷市和越谷市周边都有气温超过40℃的记录，在日本名列前茅。

2007年，熊谷市的温度达到了当时气象观测史上的最高记录——40.9℃，全日本都迅速知道了这个地方。当时，为化不利为有利，埼玉县顺势组织了"熊谷，真热！"的主题活动，在大红T恤衫上印有满身大汗的太阳，以此作为吉祥物，为大家提供消遣并持续至今。

**埼玉县相关数据：**

面积：3,97.75平方千米

总人口：7,264,976人（截至2016年2月1日）

人口密度：1,910人/平方千米

临近的都道府县：茨城县、枥木县、群马县、千叶县、东京都、山梨县、长野县

# 埼玉县人的性格特点

## 埼玉打喷嚏，东京就感冒

"土老帽儿埼玉"现在成了全日本共知的埼玉县的代名词了。当被问到是否可以忽略这个外号时，大多数埼玉县人就含糊其辞。

全县人都被人这样调侃，不免让人担心埼玉县人是否已经怒不可遏了。令人吃惊的是，埼玉人竟然心安理得地接受了这个外号。不得不说埼玉人都是老实人哪！

但是，根据NHK全国县民意识调查，埼玉县人并不是接受了这个说法，而是觉得那都是别人的事，与己无关。

姑且不谈以前的事，现在的埼玉人对家乡和居住地的感情已然相当淡漠。这里的多数居民都想着一有机会就搬走，这种情况真是不寻常。

对于"现在居住的地方有什么优点？""喜欢埼玉吗？""大多数邻居都是值得信赖的人吗？""你愿意积极参加当地组织的

各种活动吗？""喜欢当地的人际交往吗？"等问题，持肯定态度的回答比例在全国处于垫底位置。

"你内心认为自己是埼玉人吗？"持肯定态度的回答比例在全国排第 46 位。从地方政府的角度看，这真是一组令人沮丧和失落的数据。（以上数据均出自 NHK 全国县民意识调查）

当然，有这样想法的绝大多数人都不是土生土长的埼玉人，而是日常往来于东京的"埼玉都民"。不得不说，"埼玉都民"是一个绝妙的词。

在埼玉县内居住的上班族和学生一共有 391 万人，其中在埼玉以外地区（基本是东京）通勤的人占比 28.8%（2015 年调查统计），大约占总人口的三分之一。这些人并不认为自己是埼玉县人。

因为他们每天的目的地是首都东京，他们每时每刻都能真切地感受到埼玉与东京的巨大差距，所以难免会产生自卑感。随着东京一家独大的发展趋势年年增强，"埼玉都民"的自卑感也逐步加深。

大多数"埼玉都民"都有过在东京租房子的经历。不论是在多么偏僻的地方，无论距离车站有多远，但凡经济条件允许，他们都愿意住在东京，实在没办法时才会不情愿地住在埼玉县。

北关东的茨城县也面临着同样的情况，只是比埼玉县情况稍好一些。既无法成为大都市，又不能变成乡村，这种尴尬的状况真是埼玉县的悲哀。

不管怎样，埼玉县有着优越的自然环境。现在埼玉县境内有秩父多摩甲斐国立公园等 11 个大型自然公园。来这里休闲的人，大半是纯正的东京都民。

埼玉县北部大部分地区是农业用地，为首都圈提供着大量农产品，如果那一带因天灾或气候异常导致严重减产，影响严重的首当其冲就是东京。那么，"埼玉打喷嚏，东京就感冒"就不是空话了。

**不临海的遗憾**

埼玉县和神奈川县、千叶县相同，正在逐步沦为东京这个超大城市的睡城。虽然三个县都与东京相邻且境况相近，但"埼玉都民"在面对神奈川县和千叶县时，也抱有深深的自卑感。

是因为没有迪斯尼乐园呢，还是因为没有横滨八景岛的海洋乐园呢？说到这里，我们不禁想到这些景点都建在大海边上。

大海真是不可思议。对人类来说，大海才是真正的故乡。在居住地附近有没有海，极大地左右着人们的性格。在大海边生活的人们，大多有种安全感，可惜埼玉县周边没有海。

江户时代，今天的埼玉县和东京都的部分地区组成了武藏藩国，把将军居住的江户城围在中央。武藏藩国虽然被称为国，但是由 2000 多个小领主统治各地，并没有一个能统治全区域的领导者，因此这个地区根本没有形成向心力和团结意识。

现在的埼玉县一共有 40 多个市，在全国 47 个都道府县中属于最多的。

在同一个武藏国中，城市与乡村并存，生活方式迥异。沿中山道过了板桥，沿日光街道过了千住等驿站，就完全是农田了。但是甲州街道的新宿、东海道的品川之外，却还是城市风光。

不用说也能想到，埼玉县所在地区，当时就是一派农村景象。

当初，今日的东京都杉并区、中野区，以及板桥区、北区、足立区，差一点儿就成了埼玉县的区。因为明治维新时期推行废藩置县，才将以上这些地方划归东京府（当时还没有东京都）。

没有人说杉并区、中野区的人与埼玉县人相同或相近。尽管同在东京都，但板桥区、北区、足立区就是与其他地方不同，有点"埼玉味儿"。是什么原因造成这种现象呢？那就是河的存在。

过了杉并区、中野区，直到八王子、多摩川一带，仍旧与江户城相连。但是从板桥区、北区、足立区出发前往武藏国其他地区，就必须渡河（荒川）了，荒川将这些地区和江户城完全分隔，交通的不便造成这些地方与江户城沟通不便，生活方式迥异。

## 埼玉人的性格正在发生变化

连接埼玉县和东京都的大动脉——东武铁道（东上线）和西武铁道（池袋线），过去是为了运送家畜饲料和有机肥料、水泥等材料兴建的。依附于东京这样一个大市场，埼玉县担当了粮食生产和运输的重任。

埼玉县与更远的群马县不同，并没有太多的观光资源，有的只是广阔的平原和少量山地（秩父），因此只能依靠农业发展。到现在，埼玉县北部地区还是以农业为主。

与埼玉县地位差不多的千叶县，因临近大海，吸引了很多东京人来这里海水浴或疗养。而埼玉县境内没有这些招揽客人的场所，甚至连温泉都没有。所以，在日本进入经济高速发展时期以前，埼玉一直是个大农村，很长时间内与城市化、流行文化无关。

因此，从东京移居此地的人只会恨不得马上逃离，哪里来的归属感？

因为这里以前是农村，埼玉人都很勤奋、认真、保守。20世纪60年代以后，随着东京的高速发展，这里逐渐成为东京的卫星城。外来人口越来越多，埼玉县人的性格也随之迅速发生了改变。

虽然没有任何向心力，但是人口增长迅速，不知不觉已经达到726万人，位列全国第五位。现在第四位是爱知县，人口大约742万。如果东京一家独大的趋势不改变，其人口总数超过爱知县只会是早晚的事。

其实，埼玉县的人口密度早已超过爱知县了，排在东京都、大阪府、神奈川县之后，位列全国第四位。

## 进退两难的复杂性格

"埼玉都民"对东京都、神奈川县甚至是千叶县，都有着复杂的情感，估计是对大城市的憧憬和羡慕交织在一起才会产生的一种情感。

在埼玉县中西部生活的"埼玉都民"能感受到的东京氛围，首先是池袋。一些对自己容貌和身材非常自信的、向往华丽文艺界的埼玉县女高中生们，乘电车来到池袋，期望星探会相中自己。她们的人生目标，就是自己能作为东京人潇洒地走在池袋的大街上。

有时候她们也会远征涉谷。但是涉谷对个人要求太高了，可不是个容易待的地方，所以她们一般很快就打退堂鼓了。倒是原宿聚集了全国各地高中的女孩子，她们都期望自己可以混迹其中。

如果有些人结婚生子后还居住在埼玉县，肯定会想方设法让自己的孩子进入东京的学校，结果导致"埼玉都民"的下一代又要为成为东京人而埋头奋斗一生了。

中东有些国家，几十年来战乱不断。每次在电视新闻里看到那些战乱国家人民的表情，戒备和猜疑都写在脸上。虽然本质上有所不同，但是"埼玉都民"的表情与之颇有些相似之处。

这是日本经济高速发展带来的负面影响，现在还没有办法改变。江户时代的埼玉县人是豁达开朗、积极向上的，充满了活力，当然也有小缺点，那就是总想模仿江户人。

当然埼玉县各地区还是不尽相同的。秩父地区的人则性格质朴，熊谷市、深谷市、本庄市等与相邻的群马县的风格相近。在广阔的武藏野和关东平原，本应养成心胸宽广的性格，但没想到的是，如此宽阔的地方，如今楼宇密布，变得狭窄逼仄。

无论如何,埼玉县都不可能有大海了。那些梦想进入东京这个大城市但苦于能力不足的人们,不得不在埼玉蜗居。这种情况不断发展,当地人的性格将会变得越来越自卑。

埼玉县每年的晴天天数排在全国第一位(2010年数据统计)。

埼玉县内65岁以上老年人口比例,排在全国倒数第二位,与其他地区相比,年轻人数量更多。

有如此好的自然条件和人才资源,真心希望埼玉县能想出好的对策,让全县人民(包括那些"埼玉都民")能安心长久地在此生活。

# 埼玉县的重要数据和知名人士

埼玉县在日本名列第一的几个领域

| 领域 | 数据 |
| --- | --- |
| 意大利面消费量（2014年） | 4,262克 |
| 草莓消费量（2010年） | 4,401克 |
| 牛奶消耗量（2009年） | 105.87升 |
| 奶酪消耗量（2009年） | 3,317克 |
| 大葱产量（2013年） | 63,600吨 |
| 购买杂志或书籍的费用（2008年） | 21,929日元 |
| 饲养宠物的费用（2011年） | 3,124日元 |

埼玉县出身的名人

政界：

片山五月（埼玉市）

小宫山泰子（川越市）

商界：

诸井恒平（本庄市），秩父水泥（公司）创始人

并木良辅（熊谷市），PILOT 公司创始人

鸟羽博道（深谷市），罗多伦（Doutor）咖啡公司创始人

大塚久美子（春日部市），大塚家具公司社长

谷口正治（鸿巢市），LAOX（大型综合免税店）创始人

文化界：

吉永道子（川口市），作家

大谷羊太郎（埼玉市），作家

北村薰（杉户町），作家

森村诚一（熊谷市），作家

原哲夫（越谷市），漫画家

二之宫知子（皆野町），漫画家

佐藤文也（埼玉市），漫画家

荻原健太（埼玉市），音乐评论家

羽生善治（所泽市），象棋大师

铃木爱德华（狭山市），建筑师

## 演艺界：

蜷川幸雄（川口市），表演艺术家

小嶋阳菜（埼玉市），AKB48（少女偶像组合）成员

高见泽俊彦（蕨市），ALFEE（摇滚乐队）成员

竹内结子（埼玉市），演员

竹野内丰（所泽市），演员

高桥由美子（埼玉市），演员

反町隆史（埼玉市），演员

荻原健一（埼玉市），演员

藤原龙也（秩父市），演员

吉冈秀隆（蕨市），演员

和久井映见（川口市），演员

增冈弘（埼玉市），配音

辻义就（埼玉市），播音员、主持人

## 体育界：

石川辽（松伏町），职业高尔夫选手

反町康治（崎玉市），松本山雅FC队教练、北京奥运会日本代表队教练

西野朗（埼玉市），前名古屋虎鲸足球队主教练

水沼貴史（崎玉市），前横滨FC水手队主教练

川岛永嗣（埼玉市），邓迪联足球俱乐部成员

中泽佑二（吉川市），横滨水手足球队队员

斋藤雅樹（川口市），读卖巨人职业棒球队二队教练

松原诚（飯能市），原横滨大洋鲸职业棒球队队员、名球会成员

三宅宏实（新座市），伦敦奥运会举重48公斤级银牌

**其他：**

武藤敏郎（埼玉市），日本银行副总裁

若田光一（埼玉市），日本宇航员

# 埼玉县特有的风味美食

### 浦和物产：鳗鱼

现在埼玉县境内绝大多数地方已经城市化了，但各地还是有些特色物产，比如浦和的鳗鱼。每年 5 月下旬，浦和会举办"鳗鱼祭"活动。在 JR 浦和站前，还竖立着著名漫画家柳濑嵩创作的鳗鱼雕像。

### 秩父名吃：现切面

秩父名吃现切面，类似刀削面，面条扁平，一边切一边煮，每份面量介于名古屋的棋子面和甲府的馎饦面之间。

### 红薯风味：小江户啤酒

川越市是著名的红薯产地，当地的小江户啤酒是世界上第一个以红薯为原料制作的啤酒，喝起来别有风味。下酒菜是东松山市的烤鸡肉串。说是烤鸡肉串，实际上是用猪头肉制成的烤串，要蘸着各家店自制的烤肉酱吃。而这些烤肉酱本身就是一道美味，可以直接当下酒菜。

川越市古街的土产店

川越市的寺院

**各种日式点心**

多种多样的日式点心,也是埼玉县的一个特点。川越市的红薯羊羹、熊谷市的五家宝、草加市的草加饼、行田市的十万石日式馒头、加须市和久喜市的盐蒸饼、埼玉市的葱酱饼等,样式丰富。

**各种日式点心**

多种多样的日式点心,也是埼玉县的一个特点。川越市的红薯羊羹、熊谷市的五家宝、草加市的草加饼、行田市的十万石日式馒头、加须市和久喜市的盐蒸饼、埼玉市的葱酱饼等,样式丰富。

**震撼定食:山田乌冬面**

山田乌冬面,这个品牌在首都圈一都六县已经有200余家分店(总部位于所泽市),其中约半数都在埼玉县。这些店大多有面积很大的停车场,很受卡车司机的欢迎。虽然店名是"山田乌冬面",但是菜单上还有荞麦面、拉面、套餐等,丰富多样。

有意思的是,在这家店,"煮杂碎"被称为"震撼"。据说当初煮杂碎这道菜推出时,公司在内部征集名字,一直找不到简洁有力的字眼,后来干脆就定了这样一个名字。菜单上"煮杂碎定食"成了"震撼定食",荞麦面或乌冬面与煮杂碎的组合成了"震撼套餐"。

要注意的是，菜单上没有"震撼荞麦面"或者"震撼乌冬面"。但是，常来的客人会点一份狸猫荞麦面（或乌冬面）和一份"震撼"，上餐之后，客人自己动手把"震撼"放在面上做菜码。要说明的是，本来应该只点一份普通面条的，可是菜单上没有，只好点狸猫荞麦面了。

## 平民拉面：日高屋拉面

与山田乌冬面齐名的食物是"日高屋"，店里花哨的招牌上印着"热烈中华食堂"字样。日高屋是销售拉面的连锁店，总部在埼玉县大宫区。据说"日高屋的附近肯定有麦当劳或吉野家"，这是俗话所说的"䲟鱼（用自身吸盘吸附在大型鱼类的腹面以漫游海洋的一种小鱼）战略"，为节约成本连市场调查都省了。

日高屋店里的拉面是390日元/碗，饺子是190日元/份（2016年5月的价格），对囊中羞涩的上班族和学生很有吸引力。很多菜都是不错的下酒菜，因此适合在店里喝酒。店铺已经遍及整个首都圈，拥有不少铁杆粉丝。

# 中国游客不可错过的埼玉县景点

**慈恩寺**

慈恩寺位于埼玉市岩槻区，因中国古典名著《西游记》而知名的三藏法师玄奘的部分遗骨即安置于此。大约 1300 年前，玄奘为求佛法而前往印度，回国后翻译了大量佛教经典，佛教史上有"玄奘之前无玄奘，玄奘之后再无玄奘"的说法。

1942 年太平洋战争时，驻屯于南京中华门外的日军，为建设稻荷神社平整土地时，发现了石棺，上面记载着"宋天圣丁卯年（1027 年）三藏法师的顶骨由演化大师可政由长安逢迎至南京"。

根据日中两国专家的调查，认为这确实是三藏法师的遗骨，随即同其他随葬品一同交给当时的汪伪政府。1944 年，在南京玄武山修建的玄奘塔完工，并举行了盛大的仪式。

当时，为达到"日中两国的佛教徒永远继承大师遗德"的目的，决定将一部分遗骨交给东京的芝增上寺。之后，历经坎柩终于奉安于从慈恩寺正堂步行五分钟左右的玄奘塔内。

最近慈恩寺很有人气,特别是寺内的送子观音,很多人慕名而来。

除此之外就没有与中国相关的地方了,但是埼玉县内有不少中国人喜欢的购物场所。

## 永旺购物中心以及奥特莱斯

在埼玉县东部的越谷市,有全日本面积最大的购物中心AEON Lake Town(178,000平方米),营业面积远远超过排名第二的永旺梦乐城幕张新都心(AEON Mall,120,800平方米)。其他如久喜市的Mallage菖蒲,三乡市的三井LALAPORT新三乡,规模都很大。

另外,入间市的三井奥特莱斯,越谷市的Lake Town、奥特莱斯等,价格实惠,也是购物的不错选择。

每到周末,有些店铺门前还会排队。由于各购物中心停车场面积都很大,下车后走到自己喜欢的店铺并不是特别轻松。

## 长瀞溪谷

这些购物中心大多位于城市近郊,是城市化进程急速发展的特征之一。除此之外,埼玉县还有一些自然景观。

在旅游资源不多的埼玉县,比较值得一看的是位于秩父的长瀞溪谷。1924年12月,这里被指定为国家级风景名胜以及天然纪念物。长瀞溪谷位于荒川的上游，全长约 6000 米，沿河漂流是个不错的游乐项目。

## 奥之细道、草加松原

奥之细道、草加松原均被选为"日本 100 条最佳道路"。旧日光街道的行道树是松树，沿草加市北部的绫濑川河岸绵延 1.5 公里，称为千本松原。沿岸的步道都是石板路，在与行车道交叉的地方建有过街天桥，充分考虑了步行者的体验。

## 三波石峡

三波石峡位于神流川上游，是群马县到埼玉县之间的一处景点。三波石呈青绿色，有白色丝状线分布，经常用来铺设庭院。

## 铁道博物馆

除自然景观，埼玉市大宫区的铁道博物馆也是个不错的去处，它是日本国内最大的博物馆。这里除了展有丰富的资料，还设有模拟驾驶仪和迷你列车的运行等实际操作项目，不但适合儿童游玩，也吸引了众多成人参观。

# 与中国各省市结成友好城市的行政自治体

## 埼玉县——陕西省

1979年9月，埼玉县日中友好都市促进协议会会长访问中国时，当时的陕西省领导表达了建立友好关系的愿望。翌年5月，通过日中友好交流活动，双方增进了了解。1982年10月，双方签订了友好协议。

## 埼玉市——郑州市（河南省）

河南省省会郑州市被誉为黄河文明的发祥地，是中国铁路和高速公路交汇的要冲。埼玉市也有着悠久的历史，在江户时代，浦和是中山道、日光街道的大驿站。现在，大宫站是东北、上越、长野、北陆新干线的交汇车站。

原本旧浦和市与郑州市建立了友好关系。2003年，浦和市、大宫市与野市合并改称埼玉市（2005年岩槻市也并入），埼玉市继续保持了双方的友好合作关系。

埼玉市是日本足球联赛浦和红宝石队和大宫松鼠队两支球队的主场，曾成功主办国际青年足球锦标赛。因此，与郑州等友好城市的足球队开展了积极的交流活动。

## 秩父市——临汾市（山西省）

临汾市位于山西省西部临汾盆地的中部，地处黄河的重要支流汾河之滨，广泛种植果树及花木，有"花果城"之称。煤炭、铁矿石、石灰岩等矿产资源也很丰富。

而秩父市内拥有秩父太平洋水泥株式会社的总部以及工厂。在武甲山附近石灰石资源丰富，所以秩父市也是一个矿山之都。源于这个共同特点，1988年秩父市与临汾市结为友好城市。

## 所泽市——常州市（江苏省）

双方的交流始于1985年所泽市日中友好都市考察团的访问。经过七年的相互交流后，1992年4月双方签订了友好城市协议。近年来，双方政府、经济界人士及民间的互访交流非常活跃。

## 狭山市、上尾市——杭州市（浙江省）

由于狭山市内企业在中国杭州设厂，因此，1996年杭州市副市长一行考察了狭山市，之后双方开展了各种交流并确立了友好城市关系。上尾市则在2004年与杭州市签订了友好城市协议。

### 深谷市——北京市顺义区

北京首都机场位于顺义区。自深谷洋装协同组合通过北京市机械工业管理局接收了中国派遣的研修生后，双方开始了交流。顺义区是传统的农业区，最近工商业得以发展，尤其是制衣、陶瓷制造。深谷市也是农业发达地区，大葱产量居日本第一位。20世纪50年代后建成了很多工业区，在这些方面双方都有共同点。1995年，深谷市与顺义区建立友好城市关系。

### 草加市——安阳市（河南省）

1998年，为了促进双方在文化、体育、教育等方面的广泛交流，草加市和安阳市签订了友好合作协议。之后，双方共同举办了安阳市书画艺术作品展，草加市的独协大学与安阳市的安阳大学签订了学术交流协议。两市签订了国际教育交流协议书，交流频繁。

### 户田市——开封市（河南省）

1984年8月，户田市与开封市建立了友好合作关系。开封市是户田市第一个友好城市。

### 入间市——奉化市（浙江省）

1996年，民间组织成立了"入间市及奉化市友好交流协会"，以协会成员为主体，多次组织市民访问奉化市。1998年，入间市的制茶业、纺织业相关人员与市议会议员组成代表团访问奉化。之后，奉化市以对外友好协会会长为首，组织人大代表、政府工作人员及农业代表团访问了入间市。两地政府认为有必要进一步深化双方的合作交流，于2000年5月签订了《友好城市协议书》。

## 新座市——济源市（河南省）

1999年9月，河南省国际人才交流协会驻日本代表地拜访了新座市市长，表达了促进两市交流的意愿。10月，济源市市长向新座市市长发出了亲笔信，希望两地开展经济交流活动。新座市积极响应，并提出以新座市国际交流协会为窗口，以民间文化、教育等内容的交流活动为开端，促进双方的交流。2000年9月，以市长为首的5名济源市干部初次到访新座市。2002年5月，新座市市长、议会议长、政府职员、市国际交流协会成员共同组成访问团，到访济源市，双方签订了友好合作协议。

# 六 东京都

「首都人」只不过是日本各地的人聚集在一起而已。

# 简　介

2020年将再次举办奥运会，东京都正热情高涨。与1964年时的举全国之力、竭尽所能相比，目前日本的城市基础设施建设取得了长足的发展，今日的东京已经可以从容应对。

据推测，江户城（东京旧称）在19世纪初人口超过了100万，是世界上最大的城市。现在不止人口众多，还有很多风景值得去看一看、转一转。比如，米其林观光地排名获得三星的高尾山、东京晴空塔等，吸引了来自世界各地的观光客。

商品市场和商业信息波诡云谲，充满了变数和刺激。在大环境的影响下，人们追求不断变化，养成了圆滑而幽默的处事风格。在应对大城市瞬息万变的承受能力方面，东京人可以排全国第一。当然，每天身处激烈的变化漩涡之中，难免也有会产生厌倦感。

每当孟兰盆节或新年时节，不少东京人都会自嘲"自己连家乡都没有"。当然，这也可以解释为他们在拐弯抹角地说自己是地地道道的东京人。

其实，东京人心里还是暗暗向往人与人保持紧密关系的生活状态。如果交谈时涉及这个话题，与东京人的交往便会意外的顺利。

**东京的与众不同：**

①公共交通的密度在亚洲地区属 No.1。

②与纽约相同，东京有超过 100 个国家（地区）风味的餐馆。

③一个人生活的家庭占家庭总数的 45.6%，排在全日本第一位。

# 东京都的地理概况和气候条件

东京都位于关东平原，面向东京湾。东京都分为两大部分，东部是被称为"区部"的23个特别区，西部为"多摩地域"。另外，伊豆群岛、小笠原群岛等岛屿也归东京都管辖。

"区部"所在的东部地区，是隅田川、荒川、江户川等河流形成的冲击平原，因此地下土层松软。有不少地区的海拔高度为零。大约17世纪初，德川家康时期开始填海造地。填海历史由来已久，因此，东京湾的临海地区大半是填海区。

西部是武藏野高地一角，地势高低起伏。相邻的"多摩地域"北侧也是武藏野高地，南侧是多摩丘陵。"多摩地域"内有立川断层，一般认为发生地震的概率较高。

"岛屿部"由伊豆群岛和小笠原群岛组成，伊豆群岛是火山岛。2000年，三宅岛雄山大规模喷发，导致附近居民一直在外避难，持续了五年时间。

小笠原群岛有着"东方的加拉帕戈斯群岛"之称，保持着特有的生态系统。这里还是珍贵的动植物宝库，被联合国教科文组织认定为世界自然遗产名录。

东京都各地气候不同。从东京23区到多摩东部和伊豆群岛属亚热带气候，多摩西部属中央高地式气候，小笠原群岛属太平洋气候。各地的共同点是，一日内天气多变，四季变化分明，夏季高温多雨，冬季晴朗干燥。

要说明的是，东京都的区部是全日本受热岛效应影响最严重的地区，直接导致冬日天数减少，夏季炎热夜晚增多。

在多摩地区，冬季平均最低气温会降至冰点以下，很多时候与东京都中心地带的气温差会超过5℃。有时，中心地区降雨，而多摩地区地区降雪，积雪甚至能达到20厘米。

伊豆群岛受海洋性气候影响，温差小，冬季相对温暖，但是伊豆大岛会偶尔积雪。小笠原群岛常年温暖，年平均气温是25.4℃，是全日本年均气温最高的地区。而且，与北海道相同的是，这里没有梅雨季。

**东京都相关数据：**

面积：2,190.93平方千米

总人口：13,512,186人（截至2016年2月1日）

人口密度：6,170人/平方千米

相邻都道府县：埼玉县、千叶县、神奈川县、山梨县

# 东京县人的性格特点

## 东京土著越来越少

东京是首都,怎么还能说"县民性"呢?下面我们说说东京的"都民性"吧。

21世纪,无论哪个都道府县,都不能说自己是百分百纯本地出生的居民。

从古至今,甲信越、北关东、东北地区南部的人到东京的很多,但好像东京人的性格却没有受到这些人的明显影响。

说起东京人的特征,当然和出生地密切有关,但我首先要说说与其他地区大不相同的东京人体质。因为如此众多的人聚集在狭小的地方,要面对拥挤的早高峰、令人窒息的喧嚣、充满汽车尾气的空气、热岛效应导致的夏季酷暑,在这里没有好身体是绝对挺不过来的。

如果说生活在岛屿的人要轻松些,那也不尽然。不仅要应付季节性台风带来的强风暴雨,还要和现在还在活跃的火山生活在一起。

就这样，还是要特地去东京居住，真的是不可思议。近十年来，东京人口持续增长。反之，纯粹的东京人（江户人）的比例则不断降低。按照"如果没有连续三代居住在此，不能称为东京土著"的说法，真正的东京土著可能未必达到一成。

现在的人越来越长寿，三代人基本上都会超过100年。也就是说，东京土著必须是20世纪初或更早时期出生的人，祖上就得在东京居住了。这个条件未免也太苛刻了。因此，在探讨"东京都的都民性"即东京人的气质时，需要或多或少地改变一些视角。

17世纪初，东京成为日本的首都。从此，全日本的人聚集而来，其中一部分人定居在此，并持续至今。总之，与过去的江户城相同，东京人的气质最初是全国各地居民的气质的集合体。

### 无法抵挡的东京魅力

首先不得不说的，就是首都居住者的优越感。

东京人具备爱慕虚荣的独特气质，原因并不复杂。人们总是认为在政治、经济、教育文化、生活水平等各方面，首都代表着一个国家的最高水准。如果自己能生活在这样的环境中，优越感便油然而生。

但是现实到底怎样呢？自己及其家庭成员真的适合这样的环境吗？

其实，很多人都在为了撑门面而粉饰自己的生活。说得难听点，就是死要面子活受罪。如果以本来面目示人，真的是难以生存啊。美国的大都市纽约（排除政治因素，从其他领域看与美国首都不差上下）的居民，也是很好面子的。

原来作为傲视全日本的"日本东京"，现在已经是"世界的东京"，装门面已经不是个容易事了。

首先，毫无异议的是必须要有钱。东京人均储蓄额在47个都道府县中属最高。

其次，生活成本高。东京的住宅及土地价格在全日本最高，因此租金也高，餐费、交通费等生活费理所当然也是全国最高。虽然生活成本高，但是考虑到在东京收入高、生活质量好，很多人还是愿意支付的。

另外，居住在东京的话，能接触到日本国内和世界各地的潮流文化、社会风尚，还能提早掌握最新信息。即使是现在的网络社会，如果发生什么事，首都东京总能比地方快一步。从总部设在东京的报社、出版社、电视台等发出的信息，传到地方就是二手甚至三手了。因此在东京，掌握一手信息的可能性更大。很多东京人因此会产生强烈的优越感，自然而然地也就摆起架子来。

本身这些人也没什么了不起的，但其他地区的人却认为这是理所应当的，这种感觉有些奇怪。细细想来，可能是由于大家对东京还是从内心膜拜的吧。

看看那些在东京修学或旅行的初中生、高中生真切的表情吧，虽然每天都可以在电视中看到东京晴空塔、台场及AKB48（日本大型女子偶像组合）的演出，但是亲临现场的感受是绝对不一样的。

所以，东京居民还在不断增加。但是媒体对此丝毫不在意，报道中动不动就把东京捧上天，好像其他地方什么事情也做不了。

企业把总部移到东京，设立办事处或分公司，以便吸引更多人才，这样就会进一步拉大与地方城市的差距。

与东京的高度发展形成鲜明对照的是，地方的弱化甚至衰落。不止在经济方面，就连政治、教育、文化等其他方面，都在向东京高度集中，甚至不断向与东京相邻的神奈川县蔓延，连横滨市等地也异常地膨胀起来。

## 大城市的冷暖

埼玉县、千叶县的居民，平常生活在东京的影子里，因此他们对家乡的感情极端淡漠，思维和气质也发生了很大变化。

日本各地（包括埼玉县和千叶县，因近邻东京，该两县的人数可能最多）的人聚集到东京后，对东京的热爱甚至超过了家乡。这种情况可能只在东京才会发生。

对我来说，从宜居性来讲，爱知县要比东京好很多。在这里，随时可以看看电影，做做喜欢的运动。要说爱知县有什么不方便，大约是看音乐会或演出。但是，胜在物价便宜，几乎不用为没完没了的交通拥堵烦恼。

根据NHK全国县民意识调查，在东京，表示"日常生活中能感受到噪音、河流、大气污染"的人数在全日本比例最高。尽管如此，回答"喜欢东京"的人数比例远远超过了埼玉县和千叶县人喜爱自己家乡的比例。

对于"与人相处时互相保持适当距离""不需要与邻居过密相处"等问题，回答"是"的比例也很高。在东京有很多现代人喜欢的生活方式，也许是造成这种结果的原因之一吧。在上述调查中，还能看到东京人对说谎、外遇、赌博有很高的宽容度，无时无刻不在表明着大都市的价值观。

形形色色的人们从不同地区聚集到一起的时候，个性突出的人就比较容易生存。在小地方很扎眼、容易引发争论的人，到了东京就不那么引人注意了。但是，那些自以为声名赫赫的人，在东京也可能湮没在大众之中无人理睬。这些可能都是大城市带来的"好处"之一吧。

前文已经说过，在东京生存的成本很高，付出这么大代价，得到的也相对会多一些。那些认为这些收获很有价值的人，也当然希望能生活在东京。可以说，那些已经不适合在地方或农村发展的人，正不断地向东京聚集。

东京作为一国之首都，这里的人们来自各个都道府县，竞争会非常激烈，生活水平也相对较高。

在东京经商的人，必须要有这样的思想准备：同一天的白天和晚上，可能要分别与不同地区、不同性格的人见面。相同的说辞，可能会让一个人心情愉悦，也可能会让另一个人情绪低落。

在首都做生意虽然值得炫耀，但是相当辛苦。当然如若在东京长期生活，从出生地带来的特征会慢慢消失，棱角被磨掉，人会变得越来越圆滑。否则，每天与不同性格的人打交道，心理脆弱的人还真是做不到。

因此，对那些天真的、多愁善感的人来说，没有比东京更难以生活的地方。而对那些在地方无所适从、经常被邻居嫌弃的人来说，东京则是最适合他们居住的地方。

但是近几年，考虑离开东京的人似乎不少。退休后过田园生活，或者去海外生活，有这样想法并实践的人正在年年增加，甚至有人还没到退休年龄就毅然选择去地方从事农业领域的工作。

在东京，如果不努力工作，连基本生存都困难，于是造就了现代东京人坚韧的性格。

## 急性子的东京人

在 NHK 全国县民意识调查中，针对"你愿意住在什么地方？"的问题，回答"东京都"的比例最高，而埼玉县占 15.7%，千叶县占 15.2%，神奈川县占 11.0%，均名列前茅。这三个县都与东京都相邻，甚至有的地方马路对面就是东京。

如果深入探究，其实很多人所说的"东京"，并不是东京的"下町"（郊区），而是"山手"（中心地带）。潜台词是，"下町"是穷人待的地方，而"山手"则是富人区。

前文提到的"区部"是东京二十三区的总称，也是分"下町区"和"山手区"的。这是有历史原因的：17世纪初，从原来的江户城发展到现在的东京，都是日积月累造成的。

严格地说，江户的范围是以江户城为中心，包括千住宿（荒川区）、板桥宿、内藤新宿、品川宿等四个古驿站管辖的区域。在驿站经过的地方建设了奥州街道（千住宿）、日光街道（千住宿）、中山道（板桥宿）、甲州街道（内藤新宿）、东海道（品川宿）等五街道。这四个古驿站周边一些地区现在已经包含在东京都"区部"中，但过去这些地区并不属于江户。

简单地说，在江户时代，江户城西部是"山手区"，居民以武士为主；东部是"下町区"，居住的大多是手艺人、商人。因此才有了"下町是穷人区，山手是富人区"之说，甚至有人据此认为，现在的"区"是照此划分的。

但是这种说法多少有些牵强。现在不论在哪个区内，都有"下町区""山手区"，最多不过是大家认为某种层次的人更多一些，从而影响着整体氛围而已。

在"下町区"居住的众多手工艺人、商人，都是个体经营，遵循"时间就是金钱"的基本法则，做事急迫，总是强调速度。自然养成了说话语速快、走路速度快的习惯。在这里，磨磨蹭蹭、犹豫不决的人会遭到疏远和嫌弃。

虽然容易沟通，但遇事不够沉着冷静，急性子居多，因此偶尔会因急性子而引发争执。相声表演里多有此类话题。

还有，为避免浪费时间，人际交往时也比较直截了当。难免让人误会这是大城市人"势利眼"的特有做派。

在"山手区"居住的武士阶层，已经演变成了现在的工薪阶层，他们为生活要付出巨大努力。这些人对"下町区"特有的做事速度及亲密的人际关系，反而接受不了，感觉非常不爽。

更甚者，这些人总是幻想自己能用另类的语言和行动扮酷，认为"这才是大都市的、时尚的"。听起来很美，但总是隐藏自己真实的想法和意图。对于"下町区"或从地方来东京的人，非常难以与之相处。

# 东京的重要数据和知名人士

群马县在日本名列第一的几个领域

| 领域 | 数据 |
| --- | --- |
| 日本料理店店铺数（2014年） | 8,325间 |
| 中华料理店店铺数（2014年） | 9,065间 |
| 外卖费用（2012年） | 224,347日元 |
| 蛋糕消费量（2012年） | 8,351日元 |
| 啤酒消费量（2013年） | 714,475千升 |
| 房屋租金（2008年） | 76,648日元 |
| 单身生活比例（2005年） | 42.53% |
| 进口汽车普及率（2009年） | 7.6% |
| 在日本的中国人（2015年） | 167,559人 |
| 文房用具购买量（2012年） | 8,405日元 |
| 铁路旅客运输量（2013年） | 963,801,000人 |

# 东京都出身的名人

**政界：**

小渕优子（北区）

田中真纪子（文京区）

不破哲三（中野区）

与谢野馨（千代田区）

平沼赳夫（涩谷区）

岸田文雄（涩谷区）

**商界：**

岩崎俊弥，旭硝子公司创始人

五岛升，东京急行电铁前社长，日商前会长

堤清二，SAISON集团创始人

堤义明，西武铁道前社长

**文化界：**

谷崎润一郎（中央区），作家

三岛由纪夫（新宿区），作家

小津安二郎（江东区），电影导演

北野武（足立区），喜剧演员、电影导演

黑泽明（品川区），电影导演

植田正志（世田谷区），漫画家

浦沢直树（府中市），漫画家

夏目房之介（新宿区），漫画家

芝山努（台东区），动画导演

宫崎骏（文京区），动画导演

秋山仁（武藏野市），数学家

西岸良平（世田谷区），漫画家

秋元康（目黑区），作词家、制片人、电影导演

**演艺界：**

工藤静香（羽村市），歌手

天海祐希（台东区），演员

上户彩（练马区），演员

宫崎葵（杉并区），演员

柴咲幸（丰岛区），演员

太田裕美（荒川区），歌曲创作人、歌手

长山洋子（大田区），演员

二宫和也（葛饰区），岚（男子组合）成员

松本润（丰岛区），岚成员

**体育界：**

岩隈久志（东大和市），MLB 西雅图水手职业棒球队球员

鸟谷敬（东村山市），阪神虎职业棒球队球员

王贞治（墨田区），福冈软银鹰职业棒球俱乐部会长

高桥尚也（墨田区），横滨海湾星职业棒球队球员

岩渊真奈（武藏野市），女子足球运动员

泽穗希（府中市），原女子足球运动员

北岛康介（荒川区），原游泳运动员

森且行（足立区），赛车手

# 东京都的美食

### 渔民快餐：深川盖浇饭/深川饭

渔民快餐起源于江户时代。繁忙的捕鱼作业中，渔夫们将蛤蜊加入酱汤中，煮熟后浇到白米饭上食用，是渔夫们的船上快餐。

深川一带现在已经被完全填埋，以前这里是隅田川的河口，很容易捕捞到蛤蜊。在一般百姓中，将蛤蜊肉过油，加葱、大酱等煮熟，浇到白米饭上食用，取名"深川盖浇饭"，并由此流传开来。

除了盖浇饭，用相同材料加酱油炖制而成的饭，称为"深川饭"，是东京有名的车站盒饭之一。深川饭配以稍稍腌制的萝卜和小茄子，是东京独有的味道。

### 关西烤串：御田

御田发源于江户时代初期元禄年间的魔芋烤串，实际是将魔芋烤串加酱油煮。

在关西地区，御田还指刷酱烤串，而将这种加酱油煮制的食物称作关东煮。随着时代发展，煮制的种类越来越丰富，食材包括大萝卜、鱼糕、煮鸡蛋、红薯等，甚至有圆白菜肉馅卷和德式香肠。

## 泥鳅

泥鳅是江户人一直比较喜欢的食物之一，据说有补充体力的功效。泥鳅除能熬汤以外，还可以用酱汁烤或者作天妇罗。

# 中国游客不可错过的东京景点

## 小石川后乐园

小石川后乐园位于文京区,是东京都经营的庭院之一。原型取自中国,是以池塘为中心的回廊式假山泉水庭园。涵德亭、西湖堤、德仁堂、蓬莱岛、白云岭等各处景点的名称,皆取名于中国的名胜古迹。

江户时代初期,水户藩初代藩主德川赖房命造园名人德大寺左兵卫修筑庭园。之后,在德川赖房的嫡子德川光圀(古装剧《水户黄门》的原型)主持下改造完成,命名为"后乐园",据说是由江户时代初期来日的明朝儒学家朱舜水(朱之瑜)命名的。

"后乐"这个名字取自北宋范仲淹的《岳阳楼记》中的名句"先天下之忧而忧,后天下之乐而乐"。

因深受德川光圀的尊敬和喜爱,朱舜水的思想极大地促进了水户学说的形成。后来,朱舜水与德川光圀一同返回水户,还结交了编纂《大日本史》的学者们,结下了深情厚谊。

在小石川后乐园附近，东京大学农学部的校园内建有"朱舜水先生终焉之地"的纪念碑。

## 松本楼

松本楼位于日本第一座西洋风格的公园——日比谷公园内，是一座三层洋楼，建于1903年。

建成不久后，被称为"中国革命之父"的孙文曾受他的支持者梅屋庄吉的邀请，到访这里。当时，这里还是梅屋庄吉的住宅。梅屋庄吉在孙文留亡日本期间，一直支持他。

松本楼中展有一台竖式钢琴，说明上写着"孙文夫人使用的钢琴"。据说这是孙文的妻子宋庆龄在梅屋期间弹奏过的钢琴。

松本楼，孙中山与宋庆龄的故居。

## 白金八芳园壶中庵

八芳园位于东京都核心地带港区的白金,自然环境优雅,是令人身心放松的好去处。在八芳园的一角坐落着一家名为"壶中庵"的日本料理店,很多人喜欢在此招待海外宾客。

众所周知,壶中庵和孙文也有着很深的渊源。鼎鼎有名的日立制作所创始人之一久原房之助(日本近代实业家——编译注)购买了这块地,当时逃亡日本的孙文曾藏身于此。屋内还有为以防万一而建造的逃生地道。

## 汉阳楼

日中友好协会总部设在千代田区的神田神保町,附近有一家中国料理店"汉阳楼"。孙文和在日本留学时期的周恩来当年都曾光临过该店。现在店铺已经迁走,当地只保留有当时的招牌。

甲午战争(1894年—1895年)后,为了向日本学习建设近代化,中国国内掀起了留学日本的高潮。当时在神保町一带修建了很多面向中国人的学校和学生宿舍,其中就有汉阳楼。该楼是由浙江省宁波市人顾宣德为贫困留学生所建,主要提供食物和住宿。1911年,汉阳楼正式改为中华料理店。

# 与中国各省市结成友好城市的行政自治体

## 东京都——北京市

1971年11月,当时的东京都知事(行政长官)美浓部亮吉访问北京,与北京市市长举行了会谈。翌年日中邦交正常化之后,两个城市之间交往逐渐频繁。1978年日中两国缔结日中和平友好条约,两国的友好氛围空前高涨。随之,于1979年3月两市结为友好都市。

## 新宿区——北京市东城区

1979年3月,东京都与北京市结为友好都市之后,东京都辖内的各区、市、町、村等各级自治体纷纷同北京市辖属区县开展友好交流活动。1988年8月,北京市友好城市处副处长访问新宿区,建议新宿区与东城区建立友好交流关系。同年11月,东城区正式提出了交流意向。之后,除了行政长官的交流之外,新宿区与东城区还开展了老人门球队、少年足球和乒乓球等交流活动，双方之间的民间友好关系得到大力促进。1995年10月，正式签订了友好协议。

## 墨田区——北京市石景山区

自1986年起，墨田区与石景山区就开始了各项友好交流活动。为面向未来进一步促进双方友好关系的发展，1997年12月双方签订了友好协议。

## 目黑区——北京市东城区

1981年，当时的目黑区区长作为东京都区市町村访华团的成员，访问了北京市和西安市。根据东京都方面的提议，目黑区与东城区开始信息交流。1991年10月，双方确定了友好合作关系。

## 大田区——北京市朝阳区

1976年，当时的大田区区长访问朝阳区，开始交流活动。之后，区长互访及青少年交流等活动从未间断。1998年9月，双方确定友好合作关系。在青少年互访活动及其他市民之间的文化体育交流活动基础上，双方未来在经济领域的合作也有无限前景。

## 中野区——北京市西城区

1985年4月，中国人民对外友好协会北京市分会秘书长访问中野区，积极推进与北京市西城区的友好交流。同年 5 月，北京市人民政府外事办公室友好城市处副处长提出了具体的实施方案。中野区为此在 8 月派出了以神山助役（助理）为团长的第一次调查团。同年 11 月，由民间团体组成了第二次调查团。西城区的赵重清区长则于 9 月访问中野区，就建立友好合作关系进行了协商。1986 年 9 月，双方缔结了友好合作协议。1993 年，双方还签订了《为发展友好区关系的确认书》。

## 北区——北京市西城区

1985 年 9 月，为促进东京都与北京市的友好关系发展，北京市宣武区区长访问了北区。之后，宣武区与北区的友好交流活动得到迅速发展。北区及北区议会先后向中国四次派遣友好交流考察团。依据考察团的建议，1993 年 4 月，双方正式签订了友好交流协议。2010 年，因宣武区与西城区合并成立新的西城区，以北区区长为团长的考察团到访西城区，并于 2011 年 11 月与西城区签订了交流协议。

## 荒川区——大连市中山区（辽宁省）

2005 年 4 月，大连市中山区区长李向东访问荒川区。同年 7 月，以荒川区区长为首的考察团访问大连。此后，东京商工会议所荒川支部、区议会议员及荒川区的干部职员等都到访大连市，在各个方面与中山区协商交流。2006 年 3 月，荒川区邀请以中山区区长为首的代表团来访并签订了友好关系协议。

### 板桥区——北京市石景山区

板桥区很早就探讨了如何开展与中国的城市交流这个问题。1992年,板桥区向中国派出了考察团,当时在北京市政府的建议下,到访了石景山区。随后,各友好团体、老人团体和乒乓球俱乐部等民间交往开始。1997年,日中邦交正常化25周年。同年10月,双方正式缔结友好协议。

### 东京都练马区——北京市海淀区

练马区认为,与海外建立友好交流合作关系是促进世界和平发展的重要途径。在接触的众多城市中,北京市海淀区因为与练马区有植被丰富、水域广阔等共同点,成为最有利的候选地区。通过体育与文化等领域的交流,双方加深了解,最终达成了一致意见。1992年10月,海淀区区长一行受邀到访练马区,签订了友好协议。

### 东京都葛饰区——北京市丰台区

1985年10月,葛饰区议会日中友好议员联盟第一次访华团访问丰台区以后,双方的各友好团体多次互访,体育界交流及青少年交流不断。1992年,在北京市丰台区,双方签订了友好交流合作协议书。

## 八王子市——泰安市（山东省）

为推进市民与海外的交流，作为八王子市建市90周年纪念活动之一，2006年9月，两地签订友交流合作协议。双方通过马拉松长跑、乒乓球等体育交流，绘画、音乐等方面的文化交流，在各领域积极开展了交流活动。

## 东村山市——苏州市（江苏省）

1986年，东村山市的语学研修交流访华团到访苏州市。之后，双方重点在教育领域开展了多项交流，比如，派遣日语教师，参加对方组织的交易会，举办门球友谊赛等活动。2002年4月，东村山市派出第11次访华团，双方交换了建立友好关系的意向书。2004年11月，正式缔结友好交流协议。

## 奥多摩町——淳安县（浙江省）

鉴于两地都有风景秀丽的湖泊和优美的自然环境，1993年，奥多摩町派出考察团，双方交流开始。1995年，两地交换《促进友好交流的备忘录》。1998年4月，正式签订《友好交流关系协议书》。

# 七 神奈川县

当地民风淳朴，崇尚绅士气度。

# 简　介

横滨作为其县厅所在地，知名度已经远远超过了神奈川，这种情况并不多见。

神奈川县紧邻东京都，位于其西南方。在日本进入高度成长期后，神奈川县的城市化进程得到了迅猛发展，这个势头保持至今。不到 50 年，人口数量已经翻倍。县内有三个政令指定都市，分别是横滨市、川崎市、相模原市。

大矶最早是东京有钱人的疗养地，江之岛是新婚夫妻蜜月旅行的圣地，保守的神奈川人一时也难以相信吧？这些事实反映了神奈川县以及神奈川人的人文特征的变化。

本来神奈川县分为旧东海道沿线、内陆的小田急沿线、山区、三浦半岛等四个区域，并各有特点：求新且善变、努力且精于谋利、淳朴且保守、正直且淡然，但现在这些人文特征的差异正逐渐相融。

大约是自江户时代起，由于大量人员往来于东海道及镰仓街道，因此神奈川人与外界交往机会非常多。长此以往，神奈川人的性格大多开朗大方，与人为善，思想比较新潮。以世界遗产名录为目标的古城镰仓、箱根、横滨中华街等，至今每天都吸引大量游客。

表面上看，神奈川人似乎有些排外，但从历史渊源的角度看，其开放包容的特性毋庸置疑。

**神奈川县的与众不同：**

①日本的旅馆、冰激凌、啤酒、报纸的发源地都是横滨。

②横滨拥有四支日本职业足球联赛队伍，在日本排名第一。

③在研究、开发机构工作的人数超过东京，居日本之最。

## 神奈川县的地理概况和气候条件

在地图上，神奈川县形似一只小狗，位于关东平原的西南角。西面，丹泽山地与山梨县相邻、箱根山地与静冈县相邻；东面，隔东京湾与千叶县相望；东北方向，隔多摩川与东京都相邻，只是在多摩川南侧，东京都的一部分（稻城市、多摩市、町田市）向南突入了神奈川县；南面，面向相模湾，三浦半岛延伸进入太平洋。

神奈川县境内的最高峰是丹泽山地的蛭岳（海拔1,673米），最长的河流是相摸川（55.6千米），以眺望富士山而知名的芦之湖（7.1平方千米）是面积最大的湖。

从地形上看，神奈川分为东部、中部、西部三大部分。

东部是多摩丘陵和三浦半岛。多摩丘陵海拔在70米—90米，三浦半岛的地形也多以丘陵为主，几乎没有平坦的土地。

中部是相模平原，被分割成远古沉积形成的相模野台地和新沉积形成的相摸川低地，相摸川低地又被称为相模平原。

西部是丹泽山地、箱根山地和足柄山地。箱根山，海拔1,438

米，是一座二层火山锥的规模较大的复式火山，大约在65万年前即开始活动，现在大涌谷周边还可以看到喷发的气体，周边分布着箱根温泉、汤河源温泉等，都是火山活动的表现。

气候也分为三大类型。

一是京滨地区、湘南及三浦半岛，冬季温暖，夏季酷热，夜晚尤其炎热。

二是多摩丘陵及内陆的平原地带以及相模山地部分，冬季寒冷，有积雪。但是夏季凉爽，有不少避暑的好地方。

三是西湘地区，冬季天气晴朗时，气温下降明显，非常寒冷，有降雪但是不积雪。夏季气温比较舒适，与东部相比降水偏少。

**神奈川县相关数据：**

面积：2,415.83平方千米

总人口：9,127,389人（截至2016年2月1日）

人口密度：3,780人/平方千米

临近的都道府县：东京都、山梨县、静冈县

# 神奈川县人的性格特点

## 就近娱乐的神奈川县

神奈川县内的旅游景点很多,比如横滨、镰仓、湘南海岸、箱根、汤河源、丹泽等。与之紧邻的东京都也是观光地众多,这种组合在全国数一数二。现在很多地方政府的目标是让居民"就近工作",而对神奈川人来说,"就近娱乐"更符合他们的想法。

但是,说到神奈川县人的性格特征,大多数人脑海里就没有清晰的内容了。

神奈川县总人口约913万人,仅次于东京,在全国排名第二(截至2016年2月)。人数排名第三位的是大阪府,约884万人。

一听到"神奈川",一般情况下,人们都有点反应不过来。如果拿一张空白的日本地图,看有多少人能立即把神奈川的位置标示出来,将会是一个很有意思的测试。

说神奈川县，还不如提横滨市，人们马上会对其位置关系有所反应："对，对，在东京的边上。"其实，横滨市与东京都二十三区根本就不挨着。之所以会出现这种误会，在于人们总是觉得神奈川县是横滨市的一部分。

而提到湘南，更是锦上添花了。横滨与湘南给人留下了太多的美好或秀丽的印象，以至于人们总是认为整个神奈川县都不容小觑。这还真是有点问题。

确实，横滨是日本最早开放的港口（当时的地名就是神奈川）之一。当时外来的文化风俗汹涌而来，从那时起就让人耳目一新。

再者，湘南地区气候温暖、阳光明媚，作为日本最早出现的疗养圣地，东京的精英人士和富裕阶层，很多在此拥有别墅，因此一直让人们觉得此地高端大气。但是需要明白的是，这些地方只不过是神奈川县极小的一部分。

横滨市人口接近373万，占神奈川县总人口的四成多。过去，按人口数量排序，日本的三大城市分别为东京、大阪、名古屋。现在横滨市人口比大阪市多100多万，已然是日本第二大城市了。如果再加上川崎市（约148万人）和相模原市（约72万人），共占到全县人口的三分之二以上，政令指定都市所占人口比例已经超过了东京都。还有一些卫星城市，如藤泽市（约43万人）、横须贺市（约41万人），比一些县的县厅人口都要多，城市化覆盖如此广泛的县在日本也是不多见的。

## 横滨、湘南的知名度早已盖过神奈川

在神奈川县,还有很多地区如同东京的西多摩郡一样,城市化覆盖不大,发展不平衡,因此我们不能认为神奈川县的所有地区都和横滨市、川崎市的麻生区以及宫前区一样发达。

当初在汽车牌照上出现的"湘南",范围涵盖了镰仓市、逗子市、茅崎市、藤泽市等地,还包括平冢市这样的不发达地区。其实原因很简单,当时的登记事务所设在平冢市。但一部分人对此意见极大,看来这些人对"湘南"这个名字的价值相当重视啊。

虽然旧津久井郡(今相模原市)以及足柄上郡多是山区,相对落后,但是和埼玉县、千叶县相比,受高度的城市化影响,全县的整体发展和文明开化都在提高。即使是居住在横滨以及湘南以外地区的神奈川县居民,也受益匪浅。

神奈川县的家庭年平均收入水平,在全国47个都道府县中排名最高,从事体育运动的人口比例仅次于埼玉县、东京都,在全国排在第三位,出游人次仅次于埼玉县,排在第二位。总之,神奈川县人能够自由支配的收入是最多的。

我们可以看到,虽然神奈川人收入高,但是开支大,储蓄率并不高。由于受到横滨、湘南地区等发达地区的影响,人们总认为神奈川县比东京都的有钱人还要多。

说起来,"湘南"这个地名与中国还有不少关联。在中国,湘南指的是流经湖南省(毛泽东的故乡)的湘江以南地区,

10—11世纪，这里的人们曾经广泛信仰佛教中的禅宗。

后来禅宗传入日本，受到当时镰仓幕府的执政者北条氏的重视与扶持，在镰仓市，现在还有禅宗的分支临济宗的大本山建长寺和圆觉寺。建长寺的开山祖师（第一代住持）是南宋时期出生于西蜀（今四川省）的兰溪道隆，圆觉寺的开山祖师是明州庆元府（今浙江省宁波市）出身的无学祖元。

## 模糊的城市印象

既然在人们的脑海中对神奈川县有如此印象，那么神奈川人到底是什么样子呢？遗憾的是，神奈川人竟然没有一个统一的形象。因为现在的神奈川县所在地是江户时代的旧相模国，当时这里分为好几个小藩国，各自割据一方，从未统一。

明治（1868年）以后，从全国各地（从其他府县流入的人口超过总人口的八成）涌入的人们又极大地稀释了神奈川人原来的特征。所以，要归纳总结神奈川人的县民性是非常困难的。

现今神奈川县所辖的主要地域，与东京都同属旧武藏国，是人口聚居区，但是这一地区的人们没有什么突出特征。而现在的神奈川县西部地区属当时的相模国，地处偏僻，很少有人居住，所以影响有限。

当时的武藏国中心地区就是现在的县厅横滨市，只不过现在被称为"横滨"的地方过于大了，已经失去老横滨的味道了。

最早的横滨，指的是从现在JR横滨站到山下埠头一带。现在的横滨港，当时只不过是一个平常的小渔港。1890年后，周边地区不断被并入横滨,最终发展成现在的大城市。最初被称为横滨的地方,现在办公楼、行政机关、仓库林立,几乎没有原住民居住了。

与其他地区大体相同的是,这里的渔民语言表达方式简单,不讲究用词,性格也比较粗犷。在横滨、三浦半岛一带(现在仍有很多渔港),说话时基本在句尾都有多余的修饰,说的好听一点这叫作时髦,但是这种语言习惯与横滨文雅的印象大相径庭。湖南地区及山区的句尾语调,听上去都不是很舒服。

《山家鸟虫歌》里有一句"相模国多淫风"。"淫风"一词比较难解释,但是大概是指在性方面比较开放。

横滨港

一般的港口城市都存在这种现象，似乎与城市化没关系。在当时的相模国，不止在沿海地区，这种风气在内陆地区也蔓延开来。

## 海纳百川的生活哲学

与关东地区其他的府县相比，神奈川人有一个明显特征是，根据对方的情况迅速改变自己的态度。而且，这种转变可以用翻脸不认人来形容，非常极端，令人吃惊。

大概是因为神奈川人时刻都能意识到江户城的存在，时刻都要和东海道上去江户城（有些是离开江户城）的人打交道有关系。攀高踩低并不难，而没有养成卑躬屈膝的习惯则不易。

在这一地区，很多人认为人生的本质就是"动"。很多地方出身的人因为东京无法容纳只能聚集在此，现在这种趋势还在发展。

这种特点由何而来，很难一言蔽之。难道是与江户人交往过程中培养出的处世哲学？

土生土长的神奈川县人大多对人和善、温柔体贴。与千叶县和埼玉县的气量狭小不同，这是一种自信的表现。

在思想新潮方面，神奈川县甚至超越了东京。过去这里在神奈川县曾经创立了名为新自由俱乐部的政党，为对抗自民党草率创立，当时在日本引起了极大的混乱。发生这样的事情，就如同当时在日本第一个开放港口一样。都是因为神奈川人不喜守旧，只要有一丝可能性也敢于挑战新生事物。

在 NHK 全国县民意识调查中，对于"愿意在工作和生活中引入新的内容吗"这个问题，回答"是"的人数最多的不是东京都而是神奈川县。这也反应了现代神奈川县人的基本性格特征。

当然，现在不少"高意识系"（眼高手低）的人从世田谷区、目黑区、涉谷区等东京的山手地区移居横滨，对调查的结果多少会有影响。

特别是在神奈川县东部及中部为首的东急田园都市线沿线的居民，已经完全没有神奈川县人的原本性格特征了。

这一带是在广大的丘陵地区新开发的住宅区。东急公司先进的城市开发战略，加之以此地为背景拍摄的电视剧热播，把这一带打造成了具有高尚品味的大都市社区。

但同是山手区，JR 中央线沿线的杉山区和中野区的风格又有不同。这里没有了文人学者的文化气息，代之以文艺界人士华丽的风格，当然还有那么一点浮夸。

虽然神奈川县出身的学者不多，但是如加山雄三、桑田圭祐、SMAP 组合中的香取慎吾和中居正广、小泉今日子、松岛菜菜子、常盘贵子等举止优雅的艺人却不少。还有小泉纯一郎、河野洋平等知名人物跻身于政界，更大程度上加速了神奈川县的知名度和城市化。

与横滨形成鲜明对照的，是旧相模国地区。丹泽山地、相模野台地、平冢至小田园的相模湾一带，以农、林业为主，突出了一个"静"字，因此也比较保守。

在以前的小学校园里，几乎都立有二宫金次郎（在日本被称为学习之神——编译注）的雕像，他就是小田园出身。

一边是广阔的淳朴的农村地区，一边是世界级的大都市横滨，反差之大令人难以置信。

不管怎样，神奈川人都不需要像东京人一样坚忍不拔。面向广阔的大海，可以从更近的地方眺望富士山，这样的环境造就了他们比较悠然自在的性格特征。与能接纳万物、好奇心强烈的神奈川人在一起，应该会万事皆顺吧。

# 神奈川县的重要数据和知名人士

## 神奈川县在日本名列第一的几个领域

| 领域 | 数据 |
| --- | --- |
| 烧麦的消费量（2010年） | 2,873日元 |
| 果酱消费量（2008年） | 1,872克 |
| 萝卜产量（2013年） | 91,300吨 |
| 红酒产量（2013年） | 31,281千升 |
| 3F连锁店的店铺数量（2015年） | 263间 |
| 自助式加油站比例（2010年） | 33.80% |
| 合乘大巴的旅客输送量（2013年） | 654,940,000人 |
| 乘公交车通勤的比例（2010年） | 17.18% |
| 上网比例（2011年） | 81.1% |
| 情报公开度（2010年） | 58.70分 |
| 宠物医院兽医人数（2012年） | 1,548人 |

# 神奈川县出身的名人

**政界：**

  石原伸晃（逗子市）

  小泉进次郎（横须贺市）

  河野一郎（小田原市）

**商界：**

  渡边美树（横滨市），WATAMI 食品公司创始人

  高桥雅也（横滨市），SOD 娱乐片公司创始人

**文化界：**

  赤濑川原平（横滨市），作家

  角田光代（横滨市），作家

  北方谦三（川崎市），作家

  芦奈野等（横须贺市），漫画家

  神本伸行（横须贺市），漫画家

  石黑恭平（秦野市），动画导演

  板野一郎（横滨市），动画片制作人

  内田顺久（横滨市），动画角色设计师

  加夕美高浩（横滨市），动画片制作人

  富野由悠季（小田原市），动画导演

**演艺界：**

香取慎吾（横滨市），SMAP组合成员

松本梨香（横滨市），配音演员、歌手、演员

阿部宽（横滨市），演员

有森也实（横滨市），演员

井上真央（横滨市），演员

风间彻（川崎市），演员

谷原章介（横滨市），演员

妻夫木聪（横滨市），演员

松岛菜菜子（座间市），演员

小田和正（横滨市），歌手、音乐创作人

**体育界：**

内龙也（川崎市），千叶罗德海洋职业棒球队球员

菅野智之（相模原市），读卖巨人职业棒球队球员

馆山昌平（厚木市），东京养乐多燕子职棒球队球员

杉山爱（横滨市），网球选手

川澄奈穗美（大和市），足球运动员

# 神奈川县的美食

### 大山好吃的豆腐料理

参拜大山阿夫利神社（属伊势原市）始于江户时代。来参拜的人们都非常喜欢门前町的豆腐料理，慢慢地竟然产生了"如果没有吃豆腐料理，就谈不上去过大山参拜"这种说法。

为什么会是豆腐呢？当地的农民非常信奉神社里供奉的雨神，参拜时大多会献上黄豆作为贡品。大山一带的水是响当当的名水，与黄豆结合就产生了美味的豆腐。

### 横须贺海军咖喱

横须贺市位于东京湾入口处，自江户时代起就是海防要塞。幕府末期（1853年—1867年），这里建起了制铁厂和造船厂。明治维新后，于1884年在此设置了横须贺海军镇守府。直到1945年太平洋战争结束，这里记录着日本海军的成长历程。

海军发明的重要食物之一就是咖喱饭。当时因为咖喱饭的制作方法简单、营养均衡，海军非常重视。复员军人返乡时，把咖喱饭的制作方法也带回了家乡，由此在全国扩散开来，现在咖喱饭已经是普通的家庭料理了。

依据《海军割烹术参考书》（1908年版）记载，"横须贺海军咖喱"于2001年注册商标。海军咖喱不仅好吃，更由于怀旧的味道受到广泛欢迎。横须贺市在市政府网站上打出了"咖喱之都横须贺"的口号，通过与市内的电车公司开展宣传合作，致力于通过咖喱促进城市的发展。

**渔民料理：小沙丁鱼盖浇饭**

小沙丁鱼盖浇饭是用煮过的松软的小沙丁鱼制作而成。茅崎市周边捕获的小沙丁鱼非常有名，即使是不喜欢吃鱼的人，也能轻易接受。

另外要推荐的还有渔民在船上吃的生小沙丁鱼盖浇饭，在热乎乎的米饭上，铺上一层刚捕捞的新鲜的小沙丁鱼，浇上酱油就可以食用了。其制作方法就像众多的渔民料理一样简单，却是一道绝世美味。

**三码拉面**

虽然"三码"的日语发音和秋刀鱼一样，但是和秋刀鱼真的一点关系都没有。用细面条做的盐汤面或酱油汤面，放上清炒的豆芽菜做菜码，就成了一碗三码拉面。此外也有用圆白菜、黑木耳、猪肉切丝一块作菜码的。

"三码拉面"名称的由来,一说是因为"三种食材等于三码",一说由"新鲜的食材等于生码"的音译而来,总而言之在中国的汉语发音中都比较接近。

# 中国游客不可错过的神奈川景点

### 聂耳纪念碑

中华人民共和国国歌《义勇军进行曲》，原是电影《风云儿女》（1935年上映）的主题歌。因这首歌被广为传唱，1949年9月，中国人民政治协商会议决定将其定为代国歌。

这首歌的作曲人是聂耳。聂耳于1912年出生于云南省昆明市，从小喜欢乐器，在师范学校就学期间开始积极投身共产主义运动，毕业后创作了如《开矿歌》《码头工人》等大量电影插曲以及歌曲。

聂耳与藤泽市的湘南海岸有着"不解之缘"。1935年4月，应在日本的兄长之邀，聂耳来到日本，借住在朋友家中。据说当时他非常喜欢海水浴，几乎每天都去。但不幸的是，1935年7月17日，聂耳与朋友一同在鹄沼海岸附近游泳时失踪，次日发现时已经溺亡，时年只有23岁。

1954年11月，相关人士设立了纪念碑。之后，由于台风侵袭而遭到破坏。1965年再次建起写有"聂耳终焉之地"的纪念碑。1986年,附近地区扩建为聂耳纪念广场。2010年12月,用汉语镌刻着聂耳生平和事迹的石碑在广场上落成。

需要说明的是,2004年《义勇军进行曲》正式被确定为中华人民共和国国歌,写入《中华人民共和国宪法》。

## 外郎

在小田原城附近的国道1号线沿线,有一家名为"外郎"的店铺。据说该店创办于1504年,至今已经有500多年的历史了。创始人名为宇野定治(定春),是14世纪元朝灭亡时逃到日本博多(今福冈市的一部分)定居的礼部员外郎(当时的职务是员外郎,简称外郎)陈宗敬(陈延祐)的后代。

最初,陈宗敬从事贸易,后来其长子移居京都,开始制造并销售"外郎"(即透顶香,是一种外形和原料与仁丹极为像似的中成药)。"外郎"在当时被视为万能药,现在一般用于清新口气或去口臭。

## 妙善寺

从小田急和江之岛线的藤泽本町站,步行8分钟即来到日莲宗的妙善寺,这里有徐福后代的墓地。

据司马迁所著的《史记》记载,徐福向秦始皇奏报东方的三个神山有长生不老仙药,在得到秦始皇的批准后,他带领三千童男童女及众多工匠,装载着五谷的种子乘船向东方进发,最后在东方的一片富庶的广袤平原的地方称王,并从此不归。

一种说法是徐福到达的地方就是秦野市,秦野市名字中使用的汉字"秦",使这种传说有了一定的说服力。

另外一种说法是,"秦野"地名的由来只因其日语发音与"织布机"相同,另外与日语"皮肤"发音也相同。

在妙善寺内福冈家的墓碑上,刻有文字:"居士讳肃政,称正兵卫,其先出于秦徐福。徐福避始皇之乱,航海来我神州,而下居于富士山周麓。"有人指出,"福冈"这个姓氏中的"福"字,也来源于徐福。

据说碑上的文字是1554年镌刻的。在日本各地都留有关于徐福的各种传说,这个碑文相对来说可信度更高一些。

# 与中国各省市结成友好城市的行政自治体

## 神奈川县——辽宁省

1979年,"神奈川县青年之船"国际交流团到访辽宁省。之后,为促进了双方友好关系的发展,双方开展经济领域的合作,在工业企业接收研修生等。1983年,双方签订了友好合作协议。

## 横滨市——上海市

横滨市和上海市,是日本和中国各自最具代表性的海港城市。上海市自清朝1843年开埠,横滨市则在江户时代1859年开埠。1875年起,两个港口间就有了国际航路。

横滨市早就与圣地亚哥市(美国)、里昂市(法国)、孟买市(印度)、敖德萨市(乌克兰)、温哥华市(加拿大)、马尼拉市(菲律宾)等地结为友好城市。在日中邦交正常化之前,与上海市的友好交往在民间交流方面早就呼声高涨。两地青少年在乒乓球、篮球、足球等体育方面的交流活动进一步推进了两市的友好关系。

1972年中日关系改善。借此东风，1973年，两市确立了友好合作关系。

## 川崎市——沈阳市（辽宁省）

日中两国邦交关系正常化之后，川崎市众多市民呼吁与中国城市建立友好关系。市长与市议会积极响应，1980年起开展了一系列具体行动。同年，沈阳市市长带领七人组成的友好代表团访问川崎市。1981年川崎市友好都市提携先遣团到访沈阳市。经过积极协商后，当年双方就签订了友好城市协议书。

## 相模原市——无锡市（江苏省）

1957年，中国政府当时的农业部部长到访相模原市，考察农业发展状况。从那以后，中国各界的考察团到访过相模原市。相模原市的各界代表也纷纷组团访问中国，不断深化与中国的关系。

在这个背景下，1981年，相模原市馆盛市长访问无锡市，开启了两市的交流序幕。1985年双方市长签署了友好城市协议书。

1986年，尾形大作的单曲唱片《无锡旅情》（中山大三郎作词、作曲）推出，大获成功，发行量超过130万张。在1987年第29届日本唱片大奖评比中荣获金奖，尾形大作还凭此曲首次登上第38届NHK红白歌会。

## 镰仓市——敦煌市（甘肃省）

1993年7月，敦煌市市长访问镰仓市时，认为两市自古以来都是佛教文化城市，现在又是旅游城市，希望两市以这些共同点为基础，建立友好城市关系。

镰仓市经过慎重考虑，决定"以历史与文化为中心"促进城市发展，并在此基础上建立友好合作关系。1998年，在敦煌市，双方正式签订了友好合作关系协议。

## 藤泽市——昆明市（云南省）

前文提到过聂耳的出生地是昆明市，因此，与藤泽市发展友好合作关系也是顺理成章的事情了。

两市在经济、文化、教育、科学、技术、医药、城市建设、旅游等各方面开展交流合作，促进了各自的发展。1981年签订了友好城市议定书。

## 厚木市——扬州市（江苏省）

1980年，厚木市议会议员团访问扬州市。之后，双方互访不断，友好关系不断发展。1984年，两市签订了友好城市协议书。

自古以来，扬州和日本就有很深的历史渊源。最初，日本所派遣的遣唐使登陆的地点就是当时的扬州。后来东渡日本传播佛教思想、在奈良市建成唐招提寺的鉴真大和尚，就是在扬州的大明寺出家的。

# 八 静冈县

低调从容,随机应变,生活富裕。

# 简　介

在静冈县中东部，一年四季都能眺望雄伟壮美的富士山，目睹其每日的变化，令人羡慕。但是在西部靠近爱知县的滨松市等地，富士山不再是日常生活的一部分。

虽说静冈县基本都在东海道沿线，但是各地人们的气质也是大不相同。当地人身上至今还能看到伊豆、骏河、远江这三个藩国的影子。

静冈县年平均日照时间在全国排在第四位（1984年—2013年数据），可以说是常年风和日丽。但是经历过滨松的冬季冷风之后，这个数据难免有所变化。

在整个江户时代，伊豆和骏河地区都是幕府的直辖领地。这里没有排挤他人的风气，而是有着日本第一安静的骏河湾，因此人们过得舒适、安逸、平和。

但是在远江地区，因为自然条件和气候条件恶劣，当地人形成了敢于冒险、愿意挑战新生事物的特点。而且当地远离江户城，直面太平洋，也很难养成安静的性格。

富士山

**静冈县的与众不同：**

①旅馆的数量全日本最多。

②在境内所有的行政区内都设有银色人才中心（老年人再就业中心——编译注）。

③在全国47个都道府县中获得"B-1大奖赛"（为振兴地方经济举办的各地美食评选）的次数最多。

# 静冈县的地理概况和气候条件

静冈县面向太平洋,境内有全日本第一高山——富士山(海拔 3,776 米),河湖众多。

静冈县东西宽 155 千米,南北长 118 千米,地理形状类似金鱼,面积排在全国第 13 位。西侧是鱼头,东侧是鱼尾,因为形状不规则,所以给人一种错觉,总感觉实际面积更大一些。

静冈县北部是南阿尔卑斯山脉(赤石山脉),与山梨县和长野县相邻。这里是大井川和安倍川的水源地。

静冈县东部以富士山为首的火山群至今仍活动活跃。与神奈川县交界的伊豆半岛,位于菲律宾海沟的北侧,经常发生地震。

在静冈县中部,横亘着南北走向的系鱼川-静冈构造线大断层。以南端的安倍川为界,东西地质构造截然不同。

在西南部,静冈县是牧之原台地、三方原台地。值得一提的是滨名湖,面积排在全国第 10 位(64.91 平方千米)。但是作为汽水湖(淡水和海水混合),湖岸线全长达到 114 千米,在全日本位列第一。

静冈县全县基本属于海洋性气候，但是因为境内海拔高度差比较大，所以各地温差也很大。

在沿海地区的平原地带，受黑潮（日本海流）的影响，比较温暖。冬季不容易受寒潮影响，反而受放射冷却现象的影响，早晚温度偶尔会降至0℃以下，但白天温度基本在10℃以上。

伊豆半岛沿海地带与南九州地区气候相似，气温基本在零度以上，几乎没有降雪。

河津町位于伊豆半岛东岸因河津樱而闻名。河津樱是本州地区最早开放的樱花品种。1955年发现这个品种时，发现者将其命名为"小峰樱"，1974年改为现在的名称，并被指定为当地的代表树。

静冈县北部山区受中央高地气候的影响，冬季寒冷，有积雪。静冈县东部内陆地区的御殿场市一带，天气寒冷，积雪很厚。虽然把静冈县和滑雪场联系到一起令人意外，但是位于裾野市的"白雪之城Yeti"户外滑雪场已经连续15年成为日本最早开放的滑雪场。西部的内陆区，除天龙地区夏季酷热外，其他地区都不是很热，特别是东部和伊豆半岛相对凉爽。

**静冈县相关数据：**

面积：7,777.42平方千米

总人口：3,689,839人（截至2016年6月1日）

人口密度：474人/平方千米

相邻的都道府县：神奈川县、山梨县、长野县、爱知县

# 静冈县人的性格特征

### 静冈县人的代表：樱桃小丸子

提起静冈，很多人首先会想到动漫人物樱桃小丸子。樱桃小丸子稳重大方，一点都不小气，是个乐天派，很像是静冈县人的代表。顺便说一句，我是静冈县的近邻旧清水市人（现在清水市已经和静冈市合并）。

大概是因为静冈县天气温暖，静冈人是全日本最举止沉稳、悠闲自在的人群。静冈县年平均气温是17.2℃，非常暖和，位列东日本第一位。在本州地区，仅次于大阪府，排在第二位。

但是大阪府有其特殊性：地域狭小，大多数地区已经城市化，使用空调容易产生较强的热岛效应，因此导致城市温度偏高。

静冈县年日照总时长排在全国第三位，因此在人们的印象中，静冈县似乎比实际上还要暖和一些。

虽然不能断定这个原因使静冈人养成举止沉稳的性格，但是可以明确感觉到富士山对静冈人的影响。

如果乘坐东海道新干线，途中有若干地方可以一睹富士山的美丽身姿。晴朗的日子里，从东京就可以看到富士山的身影，但是与在附近仰视富士山相比，感受决然不同。站在山脚下，近距离感受山顶覆盖的白雪，不免让人生出特别的感慨。

虽然不能只靠此生活，但是静冈人特别是中部到东部的人们，无疑均受到了雄伟的富士山的影响，拥有开阔的胸怀。

日本整体的国民性格，是低调从容、随机应变；比较顺从，信奉胳膊拧不过大腿；不强调自我，优柔寡断。静冈人的特点，完全符合外界对日本人的印象。

**兵家必争之地**

在战国时代（1467年—1615年），静冈县所在地区是为夺取天下各路武将的必争之地。无论丰臣秀吉还是德川家康，都数次占据此地。

今天君临天下，明天就成了追杀的对象。在这样的大环境下，普通百姓只能明哲保身，隐藏自己。静冈人逐渐地形成了超然的态度和沉稳的性格。

但是并非全县都是这样。静冈县分为三个地区，各地居民的性格迥异也是自古以来获得公认的。

静冈县共划分为东部、中部和西部三个地区，与之相对应的分别是原来的令制国伊豆国、骏河国和远江国；按照现在的行政区域划分应该是热海市，三岛市所在的伊豆半岛，静冈市，沼津市所在的骏河湾，滨松市，磐田市所在的远州。

远州可能不为人所知，但提到森之石松，日本人几乎都知晓。森之石松是江户时代晚期清水次郎长（江户时代有名的侠士——编译注）的手下。

东部的伊豆人可谓是静冈县内最稳重的人了。但令人无法想象的是，7世纪中叶以后相当长时间里，这里曾是流放犯人的地方。古伊豆国生产力低下，是最贫穷的藩国（称为下国），因此被选为流放地。

随着时代变迁，伊豆半岛逐步富裕起来。进入江户时代，流放地就转到伊豆诸岛、三宅岛、八丈岛等地了。

现在的伊豆地区，有山有海，有温泉，旅游资源丰富，离首都圈又近，吸引众多游客。由于接触外界机会多，当地人都擅于交往，养成待人和善和知足常乐的品质。

中部的骏河地区，包括既是静冈县县厅所在地又是政令指定都市的静冈市，还有烧津市等城市。烧津港是捕捞金枪鱼和鲣鱼的远洋渔船的基地。清水港也是渔港，当地人豁达开朗，但保留着渔民粗野的一面。

远州地区位于静冈县西部，包括第二大城市滨松市（2007年成为政令指定都市）和磐田市。这一带全年风大，沿海地区沙滩连绵，环境最糟糕。

中心城市滨松市，在每年5月的黄金周期间会举办"滨松祭"大型活动。这项活动已经有450年的历史，主要内容是放风筝比赛。从中也可以看到强风对当地人的影响。

由于年复一年地在大风中度过，当地人养成了森之石松那种粗暴性格也就不足为奇了。

与伊豆和骏河地区相比，远州人不仅行动力超群，而且胆子大、忠诚度高。德川家康诞生在西面的三河国（今爱知县东部），但从小在滨松被作为人质，29岁至45岁的时光也是在此度过的。

## 创新人才的土壤

静冈县三个地区的特点，用极具代表性的语言概括就是"骏河要饭吃""远州偷着吃""伊豆没饭吃（饿死）"。意思是，骏河人举止沉稳，如果没饭吃，宁可要饭也不愿意干活赚钱；伊豆人比骏河人超然，不肯要饭，只能饿死了；而远州人如果没饭吃，宁可去偷去抢。当然，这也是一种夸张的说法。

远州地区因距离名古屋较近，受到其影响比较大。在JR及当地的民营铁路远州铁道滨松站内的小店里，出售的《中日新闻》《中日体育》都是名古屋的报纸。

还有一个影响，就是当地人不愿意借钱。对于以放贷为主要收入的银行来说，在远州当地的工作很难开展。即使经过激烈的交涉，也不能如银行方面所愿取得进展，当然令人头疼。因此，以前听当地的银行从业者说过，鉴于这种地区差异，如果在远州地区取得好业绩的职员，往往容易受到提拔。

非当地出身的职员到远州地区赴任后，可以感受到当地的消费观念与骏河、伊豆截然不同。经常有人抱怨："都说静冈人老实啊……怎么能这样呢！"

静冈人"语言谦卑，但是务实。遵守约定……心胸开阔。"（《新人国记》）从这可以看出，当地与三河国的风俗习惯相似，还兼具"富有智慧和锐气，擅于解决问题。任何事，也不愿拖延"（《新人国记》）等特点，都是作为商人必不可少的性格特征。

另外，积极主动、好奇心旺盛、时刻追逐潮流等性格特征，也导致远州地区出现了很多风险投资企业。

发明自动织机的丰田佐吉、发现维生素B1的铃木梅太郎、将日本的摩托车推向世界的本田宗一郎（本田技研工业的创始人）、铃木汽车的创始人铃木道雄等，都是出身于这一地区。还有雅马哈（原日本乐器）公司，虽然创始人不是远州人，但是公司是在此地发展起来的。从此可以看出远州有培养创新人才的土壤。

从日本各地统计数据看，滨松市的社会福利费用和老人福利费用预算是非常少的。这并不意味着当地的福利落后，而是因为需要社会福利的人数少。换言之，这里整体市民的生活都很富裕。

## 号称"足球王国"

静冈县人喜好体育运动，特别是足球运动。

静冈县高中的足球水平曾经达到相当高的水平。近年来，成为新年期间标志性活动的全国高等学校足球选手权大会中，来自静冈县的队伍曾经连续夺得冠军。

以1962年藤枝东夺冠为开端（1963年、1966年、1970

年），清水东（1982年）、清水市商（现称清水樱丘——编译注）（1985年、1988年、1993年）、东海大学附属第一（现称东海大学附属翔阳——编译注）（1986年）、静冈学园（1995年）等，共夺得过10次冠军，总数在全国排在第三位。

静冈县有两支日本职业足球联赛（简称J联赛——编译注）的足球队：清水心跳队（SHIMIZU S-PULSE）和磐田山叶队（IWATA JUBILO）。在日本J联赛现役选手中，静冈县出身的球员数量相当多。

在静冈县，随处可见孩子们练习足球的身影。几乎所有的静冈人都热衷于议论足球比赛和足球队，并以足球王国自居。

当然，静冈县并非所有人都在踢足球，也有那种不擅长体育运动的人。足球也不是唯一能与静冈人沟通的话题。

# 静冈县的重要数据和知名人士

静冈县在日本名列第一的几个领域

| 领域 | 数据 |
| --- | --- |
| 大米消费量（2014年） | 94.49千克 |
| 金枪鱼消费量（人均）（2014年） | 1,300克 |
| 绿茶消费量（2009年） | 1,901克 |
| 蜜桔消费量（2010年） | 21,872克 |
| 姓"铃木"的人数（2014年） | 199,000人 |
| 宠物商店的店铺数量（2014年） | 226间 |
| 在日本的巴西人人数（2015年） | 26,025人 |

静冈县出身的名人

**政界：**

町村信孝（沼津市）

望月义夫（静冈市）

柳泽伯夫（袋井市）

原田升左右（烧津市）

**商界：**

上游源一（滨松市），雅马哈发动机公司创始人

齐藤知一郎（富士市），大昭和制纸（现日本制纸）公司创始人

志太勤（伊豆国市），SHIDAX（外卖快餐公司）创始人

田宫义雄（静冈市），田宫模型公司创始人

丰田佐吉（湖西市），丰田集团创始人

本田宗一郎（滨松市），本田技研工业创始人

**文化界：**

小和田哲男（静冈市），历史学家

大竹省二（挂川市），摄影家

渡部阳一（富士市），战地摄影师

天野喜孝（静冈市），插画家、动漫制作人

铃木康司（滨松市），绘本作家、插画家

臼井仪人（静冈市），漫画家

望月明（富士市），漫画家

濑名秀明（静冈市），作家

宇田钢之介（沼津市），动画表演家、导演

樱井弘明（沼津市），动画表演家、导演

**演艺界：**

早见优（热海市），演员

秋吉久美子（富士宫市），演员

岸本加世子（岛田市）演员

铃木砂羽（滨松市），演员

长泽雅美（磐田市），演员

广濑铃（静冈市），演员

笕利夫（滨松市），演员

柴田恭兵（静冈市），演员

春风亭升太（静冈市），单口相声家

**体育界：**

小野伸二（沼津市），札幌北海道人职业足球队球员

川口能活（富士市），SC相模原足球俱乐部球员

三浦知良（静冈市），横滨FC足球俱乐部球员

# 静冈县特有的风味美食

## 葵区小吃一条街：静冈煮

静冈煮是指使用重口味酱油（类似老抽）加鸡骨架和牛筋熬成的浓汤，在这种黑色汤汁里制作的关东煮，当地人称其为"静冈煮"。

当地最受欢迎的是鱼肉山芋饼，用竹签串起来，蘸海苔或调味料吃，包括烧津市在内的静冈县各地都有。自从在啤酒广告里播出后，引起全国瞩目并迅速蹿红。在2007年"B-1大奖赛"（为振兴地方经济举办的各地美食评选）中，静冈煮荣获第三名。

静冈市葵区有一条街被称为"静冈煮小巷"，售卖静冈煮的小店鳞次栉比，每家店都下功夫研究味道和食材。在这里，静冈煮被当作零食、下酒菜或下饭菜，用途广泛。

### 滨松特产：鳗鱼料理

说到滨松市的特产，当然非"鳗鱼"莫属。滨名湖是汽水湖并且附近气候温暖，非常适合养殖鳗鱼。鳗鱼可以蒲烧、素烤、涮锅、茶碗蒸，还有鳗鱼饭，总之做法多种多样。滨松市民每年的蒲烧鳗鱼消费量可达到 5,514 日元，排在全国第一。

### "B-1 大奖赛"美食：富士宫炒荞麦面

曾于 2006 年、2007 年的"B-1 大奖赛"中连续获得第一名。2008 年，荣获特别奖。原材料是比较肥的肉馅和切成细丝儿的圆白菜，富士宫炒荞麦面可蘸沙丁鱼或鲅鱼鱼松吃。现在风靡全国。

# 中国游客不可错过的静冈景点

## 丰田佐吉纪念馆

1867年,丰田佐吉诞生在现在的湖西市。年轻时,丰田佐吉就爱好发明,自1890年他发明"丰田式木制人力织机"始,陆续发明了各式织机,闻名世界。在丰田佐吉诞辰120周年之际,在他40岁时居住的旧宅设立丰田佐吉纪念馆。

长期以来,为了满足好奇心,一直有人去探访他的住宅。为便于大家了解丰田佐吉的事迹,丰田章一郎(时任丰田汽车社长)决定在此处设立纪念馆。

在展览室里,陈列着丰田佐吉发明的丰田式木制人力织机、缫丝机、木铁混制动力织机,以及以丰田佐吉命名的G型自动织机。在会议室,还可以观看有关丰田佐吉生平的纪录片。

丰田佐吉一直有向海外拓展的梦想。1918年,他在三井物产的支持下,毅然决然来到上海。1921年,丰田纺织厂在上海正式开工。

1924年，上海抵制日货的运动持续不断。为维持生产，丰田佐吉一直在上海奔走。后来他如愿开办了上海第二工厂和青岛工厂。为销售日本生产的汽车，他还成立了华中丰田汽车公司。

### 松本龟次郎纪念公园

在挂川市上土方，静静伫立着松本龟次郎纪念公园。1985年，由他个人的故居改建而成。1914年，松本龟次郎在东京的神田神保町创立东亚高等预备校，以极大热情投入到中国留学生的日语教育中。松本教过的留学生总数超过2万人，很多人成为中国近代社会的活跃分子，其中包括鲁迅和周恩来。松本龟次郎在中日之间架起了一座教育的桥梁。

在公园内，有雕刻着松本龟次郎半身像的纪念碑，另有一座写有他事迹的纪念碑，由著名作家井上靖亲笔手书。

### 静冈茶的发源地

在安倍川的支流藁科川的上游，有一片称为奥藁科的地方（今静冈县葵区），圆尔就诞生在奥藁科的栃泽，本姓米泽。后来，他以茶为纽带将中国与静冈县紧密联系在一起。

圆尔于1202年出生，5岁时进入久能山的久能寺（今静冈县清水区铁舟寺），拜尧辨为师。之后，在奈良和京都学习。1235年，中国正处于南宋时期，他到中国的浙江省杭州市径山拜无准法师为师，修行的时间长达7年。

圆尔返回日本后，将带回的茶叶种子种植在枥泽附近的足久保（今静冈市葵区），并用在中国学习的方法精心培育。现在足久保立有"静冈茶发祥地"的石碑。

除茶叶外，圆尔还从中国带回了纺织品、陶器、中药的制作方法以及荞麦的种植方法。

圆尔在1280年圆寂。当时的花园天皇赐号"圣一国师"，这是天皇第一次给日本僧侣赐予"国师"封号。

## 初山宝林寺

初山宝林寺，建于1664年，是近藤贞用（江户时期武士，受到德川家康重用）邀请从明朝来的高僧独湛禅师开创的黄檗宗寺庙。

寺内的大殿和方丈室，均仿照中国明代建筑风格，是日本的国家级重要文化遗产。

寺庙内最不可思议的是"金鸣石"，形状像一个枕头。相传由独湛禅师从中国带来，敲打时，可以发出清脆的声音。人们认为这是"有财运的石头"，因此参拜的人络绎不绝。

# 与中国各省市结成友好城市的行政自治体

## 静冈县——浙江省

圆尔从中国带来的茶叶最终成了静冈县最有名的特产。可以说,浙江省与静冈县在800年前就已经结缘。

但是静冈县与浙江省真正地开始友好交往是1980年。双方在各领域开展广泛的交流,比如,派遣代表团互访,派遣日语教师,接收技术管理研修生,开办经济交流会等。1982年4月,两地签订了友好关系协议。

## 沼津市——岳阳市(湖南省)

1979年5月,"中日友好之船"访问团到访日本时,来自湖南省的各界人士考察了沼津市。翌年4月,在岳阳市居住的沼津市的一位女士回国之际,拜访了当时的沼津市市长。之后,市民和市议会的相关人士访问了岳阳市。

1984年,岳阳市的工业技术考察团访问沼津市,参加了工业展览会，考察了渔业设施，双方进一步加深了交流。1985年4月双方缔结了友好城市协议。

## 热海市——珠海市（广东省）

珠海市和热海市的共同点是都拥有温泉资源并积极开拓旅游市场。2000年起，双方以积极对外宣传吸引游客的共同目的展开交流，并开展了青少年的家庭寄宿、体育交流等活动。2003年8月，珠海市访日团到访热海市，提出建立友好关系的建议。同年10月，以热海市市议会议长为团长的考察团访问珠海市。经双方协商，2004年7月，签订了友好城市协议书。

## 三岛市——丽水市（浙江省）

三岛市和丽水市有相似的自然环境——青山绿水。静冈县和浙江省建立友好合作关系后，三岛市与浙江省内城市交流的意愿强烈，丽水市当时也希望与静冈县境内能看到富士山的城市开展交流。丽水市市长给三岛市写了一封亲笔信，两市由此开始派遣代表团互访。随着交流不断深入，1997年5月，双方正式签订了协议书，确立了友好合作关系。

## 富士宫市——绍兴市（浙江省）

应静冈县政府的邀请，1990年，富士宫市的企业对绍兴市相关企业给予了技术指导。之后，两地在设立合资企业、接收研修生、派遣技术员等方面不断合作，绍兴市提出了建立友好合作关系的建议。

两市市长多次互访之后,1997年11月,双方签订了友好合作关系协议。之后,两地之间市民往来以及学生的交流更加频繁。

绍兴市是闻名于世的水乡,有"东方威尼斯"之称。特产丰富,以"绍兴酒"为代表,还盛产茶叶、丝织品、扇子、竹工艺品、珍珠等。绍兴还是鲁迅和王羲之(东晋时期的政治家、书法家)的故乡。

## 岛田市——湖州市(浙江省)

在静冈县与浙江省建立友好合作关系之后,岛田市也开始谋求与浙江省内的城市建立友好城市关系。在多次派团考察后,岛田市认为在产业、气候及城市形态方面,湖州市都比较合适。1987年5月,双方签订了友好合作关系协议书。

## 富士市——嘉兴市(浙江省)

1984年,浙江省中日对外友好协会代表团到访静冈县,提出"嘉兴市希望与静冈县内的城市就造纸业开展交流并建立友好合作关系"的想法。

静冈县据此推荐了造纸业发达的富士市。1985年,以市长为团长的富士市友好考察团访问中国,与嘉兴市市长达成一致意见,为最终建立友好城市关系竭尽全力。之后,双方市政府及民间各界多次互访,深化了技术、经济、文化等方面的交流。1989年1月,两市缔结了友好城市协议。

# 九　山梨县

看似冷漠，实则重情重义。

# 简 介

从山梨县方向看世界遗产富士山,山顶平坦,山坡线条漫长,还可以看到水面(富士五湖)里映衬的倒影。据说比从静冈县方向看到的美得多。山梨县人并不争论,只是认为换个角度看富士山,别有味道。从中不难体会到他们与人为善的本性。

"人即城、人即石垣、人即堀;对己方有情义,待敌人如寇仇。"这是诞生于此地的战国武将武田信玄的名言。这句话所倡导的精神,历经400年仍存于山梨县人心中。山梨县人非常重视人与人之间的关系,这一点在日本全国是首屈一指的。

山梨县,四面环山,平地稀少,气候条件恶劣,经济发展受限。江户时代,背着农产品和日用品售卖的山梨商人遍布全国。他们工作认真,韧劲十足,自然而然地养成了不愿服输的精神和质朴节俭的品德。

山梨县的特色食品是以小麦为原料的"馎饦面(一种当地面条)"。但是在庆典等正式场合,摆上鲍鱼这样的高档菜才是山梨县的风格。因为山梨县不临海,海产品显得尤为珍贵,被视为极为贵重的馈赠礼品（可以看出山梨人对人际交往的重视程度）。人与人之间的信任关系，不只是富士山也是山梨县人可以夸耀的资本。

**山梨县的与众不同：**

①日本国内生产的矿泉水，三分之一都产自山梨县。

②过去占日本出口商品第一位的生丝，最初是由甲州商人开始向海外销售的。

③人均旅馆数量在日本排名第一。

# 山梨县的地理概况和气候条件

山梨县南面有富士山（海拔 3,776 米），西面有赤石山脉（最高峰北岳海拔 3,193 米），北面有八岳（最高峰赤岳海拔 2,899 米），东面有奥秩父山地（最高峰北奥千丈岳海拔 2,601 米），四面都是高山。所在地为旧甲斐国，又称甲州。

全县总面积居全国第 32 位，其中 77.5% 都是山地，林木茂密。可居住面积排在全国第 45 位，即最后一名。

陆路交通四通八达。东面与东京都相通，东南方向与神奈川县的旧津久井郡（今相模原市）相通，西部到西北部与长野县的南信、中信地区相通，南部与静冈县的大井川东部相通。

东北部隔奥秩父山地与埼玉县相邻。1998 年，随着国道 140 号线的雁坂隧道通车，两地间的交通得以明显改善。

山梨县全境都是中央高地气候，只是受海拔高度和山地的影响，各地稍有不同。

县厅所在地甲府市为中心的甲府盆地，夏季炎热，冬季寒冷。冬季的"八岳下山风"季节风非常强劲，降雪很少。但是南阿尔卑斯村、早川町等地又是闻名的暴雪地带。

日照时间长是山梨县的最大特点。2013年，全年日照时间为2,462小时，远远超过全国平均水平（2,075小时），位于全国第一（数据来源于总务省《从统计数据看都道府县》）。

雨水较少。2014年，年降水量为1,190毫米，仅比长野县和冈山县稍多，排在全国倒数第三位。但是处于台风的通道上，会有台风带来的暴雨天气。

利用昼夜温差大这一自然条件，北部地区广泛种植葡萄。

位于八岳南侧山麓的青里高原海拔超过1,000米，夏季凉爽，气温与北海道的相近，是著名的避暑圣地。

提起富士山，大多数人都会想到静冈县，很少有人会想起富士山另一侧的山梨县。位于富士山北侧的山梨县境内的青木原树海、富士五湖（本栖湖、精进湖、西湖、河口湖、山中湖的总称）周边，冬季寒冷，气温会降到零下20℃以下。

**山梨县的基本状况：**

面积：4,465.27平方千米

总人口：833,704人（截至2016年2月1日）

人口密度：187人/平方千米

相邻的都道府县：埼玉县、东京都、神奈川县、长野县、静冈县

# 山梨县人的性格特点

找不到归属感的山梨县人

山梨县是战国时代名将武田信玄的出生地,但是现在却没多少出名的人。

山梨县境内多山,不临海。与其他不临海地区一样,当地人缺乏对外开放的胸怀。加之山梨县除了狭窄的山间盆地没有平坦的土地,进而影响到当地人的内心会倾向于封闭。

令人不解的是,在日本,山梨县究竟应该归属哪个地区,到现在还没有定论。在日本的地理教科书和国家统计数据中,山梨县属日本中部地区;但是另一方面,因为与东京相邻,从经济角度看山梨县又属于关东地区。

更加令人迷惑的是"首都圈"这个词汇。字典里的解释是"关东地区加上山梨县所在地区"。这很容易理解,因为从山梨县境内的 JR 中央线沿线地区到东京都内通勤的话并不是太远(特快列车大约一个半小时)。但是,电视新闻里提到的"首都圈"

又不包括山梨县。

山梨县还曾是甲信越地区（即旧甲斐、信浓、越后三国合并的称呼）的一部分。夏季的甲子园高中棒球大赛，现行规则要求一个县只能有一个学校作为代表参加。在实行这个制度之前的分组选拔赛中，山梨县最初被划分到甲信越组里，后来又与静冈县结为一组称为山静组。静冈县和山梨县分别位于富士山的两侧，这种分组方法倒是可以理解。

再看电视台的天气预报，山梨县又被列在关东地区里，连山梨县人都对此不以为然。

从地理上看山梨县，真的是找不到归属感。

山梨县境内除了山还是山，大雪之后居住地就成了大海中的孤岛，与外界沟通困难。如果有什么意外情况发生，可以倚靠的只有"人"和"金钱"了。

"人"包括家里人和邻居。山梨县的民谣（正确的表达是民谣风格的歌曲）《武田节》的歌词写道："祖先的在天之灵，怎能让敌人践踏这壮丽山河？"在NHK全国县民意识调查中，针对"与祖先有很强烈的心灵联系吗？"这个问题，回答"是"的人数排在全国第二位。认为"大多数亲戚们是可以信任的"的人数，排在全国第五位。

《武田节》中还有"人即壁垒，人即城郭"的歌词，歌颂不论战争的输赢，人（即士兵）的团结最重要。山梨县人的最大特点，就是人与人之间的亲密关系。

"与邻居的交往很多"（排在全国第三位），"大多数邻居都是可以信任的"（排在全国第二位），"肯定参加当地举办的仪式和活动"（排在全国第三位），可以看到现在的山梨人仍旧有极强的团队意识，远超其他地区。另外，源于武田军团的传统，山梨人非常重视上下级关系。

但是，山梨县人这样做并不是为了寻求自我保护。在NHK的调查中，对于"愿意参加为残疾人和老年人的义务活动吗？"这个问题，回答"是"的人数排在全国第三位。山梨县人重情重义，在力所能及的范围内会竭尽全力。

近年来人与人之间的感情慢慢淡漠，山梨县人正在反思并希望改变现状。

## 互助会：情义与金钱的有机结合

除了"人"之外，可以倚赖的还有"金钱"。无论是武田信玄时代，还是金丸信（山梨县出身的政治家，田中角荣派的大佬）时代，直到现在也没有改变。

认为"即使没有生活压力也要工作"的比例在全国最高（NHK全国县民意识调查），可以看出山梨县人对赚钱、攒钱的热情。

山梨县人均储蓄额在关东地区居第二位。第一位当然是东京都，因为东京聚集了全国的大富豪，所以导致平均值高。如果排除这一因素，就普通收入人群看，山梨县的人均值可能要高一些。

但是山梨县人不太会花钱，或者说没想着花钱。唯一可以例外的是孩子的教育费用。在 NHK 全国县民意识调查中，他们认为"考试能锻炼孩子的能力"的人数排名第三位，认为"再穷不能穷教育"的占比排名第 8 位，从中可以看到山梨县人对教育的重视程度。

最能体现"人"与"金钱"有机结合的，就是在山梨县盛行的"互助会"。

"互助会"是在风云莫测的生意场上，为维持长久经营，商人们想出来互相扶持的办法。这种形式一直保留到今天。起源于当年寺庙为了保证收成向佃农分发稻秧。实质就是统筹分配的合作社。

"互助会"，可以简单地理解为在全区范围内，每月每人交一定金额存起来，如有成员发生意外，可以从存款中支取作为慰问金使用。山梨县人有 42% 都加入了"互助会"（依据 NHK 全国县民意识调查），这个比例相当高。

一个人加入数个互助会的情况，也不在少数。最近互助会活动已经演变为简单的聚餐或旅行，导致山梨县人应酬很多。据说山梨县人如果是为参加互助会的活动无法加班或回家很晚，都不会受到责怪。

## 名扬天下的甲州商人

山梨县人对金钱非常执着。如果周围赚不到钱，就向县外发展。因为谨慎细致，很多人取得了非凡的成就。

若尾逸平就是其中的代表，他出身于现在的南阿尔卑斯市很早就开始经商。江户时代末期,他曾到横滨从事生丝贸易,获得成功后又投资其他行业。从收购新桥到日本桥之间的铁道马车开始,陆续收购了东京电灯(东京电力公司的前身)、东京马车铁道(东京都电车公司的前身)。

另外,有"铁道王"之称的东武铁道公司第一代社长根津嘉一郎、阪急电铁公司的小林一三、阿拉伯石油公司的小林中、富国生命(保险公司)的古屋哲男、三井物产的水上达三、铁路公司富士急行会长堀内光雄、山一证券(1997年停业)的创始人小池国三等,都是山梨县人。

山梨县人工作拼命,奉行节俭,对金钱非常在意。

在山梨县经常听人说起的"甲州商人",指的是从前在严酷的自然环境中,背负着衣服和杂货,靠步行穿乡过村售卖的人。他们执着、坚韧,富有生存智慧,充分展示了山梨县人做生意的精髓。

在《新人国记》一书中,作者针对山梨县人的缺点,也做了如下描述:"甲斐国是群山之中的偏僻之地,南部有富士山耸立,当地人对金钱非常在意……武田信玄曾说道:最明寺殿下(指北条时赖)的《人国记》中,提到丹后(京都府的西北部)、石见(岛根县的西部)地区,皆为不正之人,好人不多,甲斐国的人们与之差别不大。"

我们不能排除这种说法有一点对成功人士的嫉妒之心,但是言语相当犀利,一针见血。

甲州商人的反面代表是"昭和的政商"小佐野贤治。他生于旧胜沼町（今甲州市）的贫困农家，后来成立了国际兴业公司，经营宾馆和客运业务。1976年，因为洛克希德事件（日本战后四大丑闻事件之一。美国的洛克希德公司通过日本丸红公司就全日空公司进口该公司生产的客机向日本政界有关人物行贿。原首相田中角荣因此被判有罪。——编译注）受到牵连，之后又收购了国民银行，在泡沫经济时代因为多项不良贷款，导致最终破产。

洛克希德事件发生后，小佐野贤治在众议院预算委员会作证时，坚称"我不记得有这件事"，彻底否认与田中角荣的关系，不过现在很多山梨县人仍将武田信玄视为家乡的英雄。武田信玄改革年贡制度、开发金矿、兴建信玄堤等水利设施，为臣民尽心尽力，人们当然无法忘记。每年4月上旬，山梨县都要举办"信玄公祭"活动，县内的企业和团体都要参加。

## 磁悬浮新干线能改变山梨人吗？

现在，山梨县正面临重大转机，因为2027年至名古屋的磁悬浮中央新干线就要开通了。

新干线从东京站出发，在品川站、桥本站（神奈川县相模原市）停靠后，下一站预计是甲府市。人们期待旅游、商业发展因此受益。磁悬浮新干线开通后，将迎来全国乃至全世界的观光客，山梨县人终于可以与更多的人接触了。

爱知县曾有过相似的经历。外来人口多了之后，当地人的意识和思维方式都会随之发生巨大的转变。

从前，爱知县人只能与同县或顶多周围的两三个县接触。2005年的"爱知世博会"成功举办之后，不但旅游设施增加，而且饭店的食谱都有了变化，甚至出现了"名古屋饭"这道新料理。

目前，来山梨县的游客以本国人为主，人数不可能无限增长，吸引更多的外国游客是必然的趋势。

而且到富士山游玩的游客，绝大部分都去的是静冈县，而同样对富士山引以为豪的山梨县人一直在感慨："这些人什么时候才能来山梨的富士山呢？"

随着磁悬浮的开通和车站的设立，甲府即将开启外界通往山梨的大门。如果游客能从甲府出发，再去县内那些目前还没

东京站的磁悬浮列车

有有效整合的分散的旅游景点，各地都将受益匪浅。

只与本地或县的人接触，当然很简单。如果充分利用这个机会，山梨县和山梨人都将迎来巨变。

如果不能比现在更开放，好不容易来的客人也留不住。过去有种说法，叫作"甲州人过后，什么都不留"。总被揶揄的山梨人绝好的翻身机会终于就要到了。

# 山梨县的重要数据和知名人士

## 山梨县在日本名列第一的几个领域

| 领域 | 数据 |
| --- | --- |
| 葡萄产量（2011 年） | 42,300 吨 |
| 桃产量（2011 年） | 49,500 吨 |
| 葡萄消费量（2009 年） | 7,537 克 |
| 红酒消费量（2013 年） | 602 千升 |
| 摩斯汉堡（MOS BURGER）店铺数量（2014 年） | 14 间 |
| 巴米扬（中华料理连锁店）店铺数量（2015 年） | 14 间 |
| 西式快餐连锁店 Gusto 的店铺数量（2015 年） | 21 间 |
| 寿司店店铺数量（2014 年） | 255 间 |

| 领域 | 数据 |
| --- | --- |
| 住宅空置率（别墅除外）（2013年） | 17.22% |
| 年日照时间（2013年） | 2,462小时 |
| 红酒生产厂数量（2013年） | 169间 |
| 高尔夫用具普及率（2009年） | 45.5% |

## 山梨县出身的名人

**政界：**

金丸信（南阿尔卑斯市）

舆石东（韮崎市）

小泽锐仁（甲府市）

后藤斋（甲府市）

**商界：**

赤尾好夫（笛吹市），旺文社创始人

小佐野贤治（甲州市），国际兴业集团创始人

小林一三（韮崎市），阪急集团创始人

根津嘉一郎（山梨市），东武铁道第一任总经理

早川德次（笛吹市），东京地铁公司创始人

文化界：

渡边达生（山梨市），摄影师

辻村深月（笛吹市），作家

林真理子（山梨市），作家

武内直子（甲府市），漫画家

山本铃美香（甲州市），漫画家

富田克也（甲府市），电影导演

赤羽博（甲府市），电视剧导演、演出家

矢崎仁司（鳅沢町），电影导演

小岛正幸（山梨市），动画导演

中村絋子（甲州市），钢琴家

演艺界：

中野裕贵（甲府市），BAKUFU-SLUMP 摇滚乐队成员

宫泽和史（甲府市），THE BOOM 摇滚乐队成员

藤卷亮太（笛吹市），REMIOROMEN 摇滚乐队成员

前田启介（笛吹市），REMIOROMEN 摇滚乐队成员

神宫司治（笛吹市），REMIOROMEN 摇滚乐队成员

森进一（甲府市），歌手

佐野史郎（山梨市），演员

三浦友和（甲州市），演员

根津甚八（都留市），演员

刚达人（甲府市），演员

**体育界：**

中田英寿（甲府市），前日本足球队队员

松本哲也（山梨市），读卖巨人职业棒球队球员

佐野稔（石和町），前花样滑冰选手

武藤敬司（富士吉田市），职业摔跤手

Sad Genius（渡边幸正）（富士河口湖町），职业摔跤手

# 山梨县特有的风味美食

## 馎饦面（botuo）

在汤汁中放入乌冬面加蔬菜和味噌煮成的简单食品。一般用传统方法制作乌冬面。手工和面，然后用擀面杖擀面，折叠后用刀切成宽条。在制作面条时不加盐，所以不用过水去除盐分，可以直接使用。

使用当季蔬菜，比较固定的是南瓜。冬季寒冷时，微微的甜味、温暖的热汤，令人无比愉悦，据说还有预防感冒的功效。

为博得年轻人的喜欢，现在还开发出了咖喱馎饦面和黄油馎饦面等风味。

## 酒馒头：上野原人气美食

上野原市是丝绸的产地，商人众多。这里几乎无法种植大米，从前食物基本是以玉米、小麦粉、小米、土豆为主。

在孟兰盆节等祭祀的时候，这里以酒馒头（相当于中国的包子——编译注）代替红小豆饭。在面粉中加入甜酒制成面皮，甜甜的味道和柔软的口感令人着迷。据说到访此地的生意人非常喜欢，因此广为传播，成为当地的人气商品。

最近，人们认为酒馒头还有长寿的功能，更加受人欢迎。现在，上野原市内有12家经营酒馒头的店铺。

# 中国游客不可错过的山梨景点

## 身延山久远寺

占领欧亚大陆的蒙古帝国（元帝国），曾两次进攻日本：第一次是1274年，史称"文永之役"；第二次是1281年，史称"弘安之役"。因此日本称元军为"元寇"。当时预测到元寇来袭的是日莲宗的开山祖师日莲。

1274年5月，波木井乡的首脑南部实长，将在佐渡流放的日莲召至甲斐国。1281年，他将现在的南巨摩郡身延町的面阔十间（约18米）的房子整修后给日莲使用。日莲在此创建了"身延山妙法华院久远寺"。现在这里作为日莲宗的大本山，参拜者络绎不绝。

日莲曾三次向国家的当权者谏言。第一次是1260年，当时是北条时赖当政。日莲手书《立正安国论》指出，如果执政的幕府不能确立自己的宗教学说为正法，国家将陷入混乱，并可能遭受外国侵逼之难。

第二次是1271年，日莲对前来逮捕他的平左卫门尉赖刚表达了此意。第三次是 1274 年 4 月，还是对赖刚继续陈述相同的意思。当时，他曾准确地预言："年内蒙古人就会进攻我们。"但他的提醒终究没有被采信。这就是有名的"三度高名"的故事。

日莲借用孔子《孝经(谏诤一章)》之中"三谏不纳奉身以退"的典故，自述"三谏不用，自当归隐山林"，认为"自己在镰仓已经没有存在的意义"，于是退隐身延山。

日莲预料成真。同年 10 月，蒙古大军果真来袭。由此，来投靠的弟子猛增。于是日莲开始在身延山收徒并传播自己的思想，直到 1282 年在此圆寂。

日莲的一生波澜壮阔，充满了神秘色彩。因此，很多作家以他为原型创作了很多作品。如果幕府能采纳日莲的谏言与蒙古展开交涉，或许日本也不会遭到攻击。

## 大门碑林公园

中世纪，造纸术传入之后，西八代郡市川三乡町一直是窗户纸、书信用纸、包装纸、书法用纸等和纸（日本纸）的产地。

书法有很多经典作品存世，其中之一就是刻在石头上的碑帖。大门碑林公园内就排列着很多中国陕西省西安碑林和山东省曲阜碑林的名碑。

特别值得一提的是其中的 15 座中国历代名碑，包括书圣王羲之的"集王圣教序碑"，是陕西省碑林博物馆依据原样监制的。

园内的建筑也都是中国风格。参观者到此可能瞬间就会有种到了中国的错觉。

# 与中国各省市结成友好城市的行政自治体

### 山梨县——四川省

1972年口中邦交正常化之后,山梨县与中国开展合作交流的呼声高涨。因同在内陆、拥有名山的共同点,山梨县与四川省的交流日渐活跃。四川省内的名山有登上世界遗产名录的峨眉山(海拔3099米)和青城山(海拔1600米,是道教发源地之一),另外还有贡嘎山(海拔7556米)、四姑娘山(海拔6250米)等高山。

1984年4月,四川省代表团访问山梨县。同年8月,山梨县的协议团访问四川省。经过双方不断协商,1985年6月双方举行了建立友好合作关系的签字仪式。

### 甲府市——成都市(四川省)

1982年,为促进双方友好关系的发展,山梨县民会议先遣团到访四川省成都市。县厅所在地甲府市与成都市之间的交流得到了迅猛发展。1983年，甲府市友好访中团访问成都市，与当地的领导和各界人士协商对话，增进了相互理解和信任。1984年9月，双方签订了友好城市合作协议书。

## 山梨市——杭州市萧山区（浙江省）

1990年，山梨市就开展国际交流活动进行讨论。1991年，萧山市市长表示愿意与山梨市开展交流活动的亲笔信送达山梨市，从此两市市长之间信件往来不断。1993年10月，双方签订了友好合作关系协议。即使2001年3月萧山市改为杭州市萧山区，双方的友好合作关系也从未中断。

## 韮崎市——佳木斯市（黑龙江省）

1930年，日本各地组成了以农民为主的满蒙开拓移民团到中国内地。当时山梨县人很多都居住在黑龙江省。因此，韮崎市一直在黑龙江省内寻求友好合作伙伴。

1983年，佳木斯市市长访问了韮崎市。之后，双方就建立合作关系不断协商。1984年10月，在庆祝韮崎市建市30周年之际，佳木斯市市长到访并签订了协议。

## 笛吹市——肥城市（山东省）

1992年，中国政府派遣农业研修员考察日本知名桃产地旧一宫町。当地人在听说"每年11月至12月肥城市可以收获冬季桃"之后，旧一宫町派遣"冬桃考察团"访问中国。两地不断开展交流活动,并签订了友好合作协议。2004年10月,一宫町与周边的六个町或村合并成为笛吹市,双方的友好合作关系保持至今。

## 甲州市——吐鲁番市(新疆维吾尔自治区)

1994年9月,中国吐鲁番市希望与日本葡萄产地开展交流的信息传到旧胜沼町。翌年,町长访问了吐鲁番市。

之后,两地的葡萄种植人员及政府相关人员不断互访。2000年,两地结为友好合作关系。2005年,盐山市、大和村合并为甲州市,两地之间的友好合作关系从未中断。

## 西桂町——桂林市灵川县(广西壮族自治区)

为促进日中友好合作,1999年、2000年西桂町和灵川县代表团交替互访,增进了相互理解和信任。2007年1月,缔结了友好城市关系协议,并约定今后也要保持隔年交替访问。

## 南阿尔卑斯市、甲斐市、中央市、昭和町——都江堰市(四川省)

1985年,山梨县与四川省建立友好县省关系。同年9月,中巨摩郡村长会对中国进行了考察访问。在山梨县知事、中巨摩郡町村长与四川省省长的交流会上,中巨摩郡与都江堰市(当时是灌县)了解到双方都有过以水利工程改变水患的共同经历,决定进一步开展交流活动。2006年8月,双方签订了友好合作关系备忘录。

# 十 爱知县

传统保守，小心谨慎，积极进取。

# 简　介

首先，我想围绕着爱知县的"爱知"两个字说点题外话。在希腊语中，"爱"即 philos，"知"即 sophia，"爱知"即 philosophy，是"哲学"的意思。

当然"爱知"并非从希腊语得名，只是这个巧合还是蛮有意思的。

哲学家另当别论，获诺贝尔奖的人出身爱知县的倒不少。爱知县闻名于世的是发达的"制造业"，一方面源于当地土地肥沃，另一方面应该源于爱知县人的处事哲学，他们认为只有努力工作才能赚钱，而且他们确实是靠勤劳致富的。

江户时代，大多数地方的赋税制度是"五公五民（即农民的收成一半归自己，一半要缴纳给政府）"。但是尾张国（爱知县西部的旧藩国名）的赋税制度实行的是"四公六民"制度。直到明治维新时期，这种制度一直在实行，因此当地百姓相对富裕很多。

爱知县人非常重视做事的成本核算，不仅包括金钱成本，还包括时间、精力成本。付出一定要有回报,这就是爱知县人的做事哲学。

有意思的是,原子印、漫画咖啡店都是在爱知县诞生的。顾名思义,"爱知"就是要"热爱知识","知识"是能创造价值的。(因为日语中"知"的发音与"值"相同,因此才有这样的理解。——编译注)

**爱知县的与众不同:**

①织田信长、丰臣秀吉、德川家康都是爱知县出身。

②虾片、银杏果、观赏花卉的销量在日本排名第一。

③日本最早展出考拉的是名古屋市的东山动物园。

## 爱知县的地理概况和气候条件

战国时代,爱知县先后涌现出了织田信长、丰臣秀吉、德川家康三位伟人。从地理位置来看,爱知县位于日本正中央位置,他们都希望据此以武力执掌天下。

以前,爱知县被一分为二,旧尾张藩国位于其西部,旧三河藩国则在东部。现在,其东部地区则以三河为界分为东西两部分:西三河和东三河。尾张与西三河、东三河的面积几乎相同,但是人口比例是 7:2:1。西部有浓尾平原,地势平坦,适宜人类居住,因此人口相对集中。

浓尾平原上流淌着木曾三川(是木曾川、长良川、揖斐川的总称),过去这里时常河水泛滥。在江户时代,出现过若干次河道改造。往来东海道的人们,因水患频繁无法渡河,只好直接坐船出海,横渡伊势湾后上岸赶路。这种情况历史上多次出现。

爱知县东部是三河高原,与静冈县、长野县、岐阜县交界。爱知县的地形划分为两个半岛和三个海湾。

名古屋市南边,知多半岛突出至伊势湾里,形成了知多湾。

丰桥市西南，渥美半岛插入远州滩，形成了渥美湾，还有这几个半岛围成的三河湾。

伊势湾，曾因台风给人们留下了很深的印象。1959年9月，在潮岬（位于和歌山县）登陆的第15号台风，给全国造成了极大的破坏。纪伊半岛至东海地区，特别是名古屋市所在的伊势湾沿岸地区，受灾特别严重，因此，后来这个台风又被称为"伊势湾台风"。

爱知县几乎全境都是太平洋气候，夏季高温潮湿、极为闷热，冬季干燥多晴朗天气。但是在西北方向，中间隔着岐阜县、位于的滋贺县境内有一座伊吹山（海拔1377米）。冬季"伊吹下山风"有时会携带着干冷的季节风，从浓尾平原吹向渥美半岛，当地居民的体感温度会骤降。

另外，当受西北季风影响形成强冬季气压场时，从岐阜县的关原附近，湿冷云团会侵入爱知县，以县西部为中心形成大雪天气。

东三河北部和西三河东北部的山区明显受中央高地式气候影响。与长野县的交界处、海拔1415米的茶臼山是爱知县境内的最高峰。

**爱知县相关数据：**

面积：5,172.48平方千米

总人口：7,491,045人（截至2016年2月1日）

人口密度：1,450人/平方千米

相邻的都道府县：长野县、岐阜县、静冈县、三重县

# 爱知县人的性格特点

"TOYOTA"太有名了

在日本全国47个都道府县中,爱知县的人口总数排在第四位。即便如此,爱知县仍不为人所知。在四国地区有个爱媛县,因为名字中都有个"爱"字,人们总是把这两个县弄混。虽然爱知县于2005年举办了爱知世博会,但是现在仍有人分不清。

如果提到名古屋,情形就大不一样了。名古屋市是爱知县的县厅所在地,是日本中部地区人口最多的城市。

自江户时代起,名古屋城就以"金鯱"(相当于中国宫殿殿脊两端的吞脊兽,鸱吻)而闻名。虽然名古屋城看似缺乏艺术氛围,但已然是这一地区的象征。当时的人们有种"尾张有城曰名古屋"的说法,可以看出名古屋城的影响力。

关于名古屋当地的风俗习惯、居民性格等方面,人们一直众说纷纭。最近比较引人关注的是,磁悬浮新干线要通到名古屋市了。

但是名古屋的影响力仅限于日本国内。到了国外，无论爱知县还是名古屋，知名度基本上没有多少差别。很多爱知县人以及名古屋人从国外回来都有点失落感。

一切都是因为"TOYOTA"太有名了。即使对日本一无所知，外国人也能知道"TOYOTA"指的是丰田汽车。在一片质疑声中，丰田汽车已经超过美国三大汽车制造商，产量位居世界第一，成为世界上无人不知的品牌。丰田汽车的总部就在爱知县的丰田市。

拜丰田汽车所赐，爱知县的工业产品产值连续38年排名日本第一。丰田汽车的利润相当惊人，也让爱知县成为日本最富裕的县。

即使有美国的雷曼兄弟公司引起的金融危机、英国脱离欧盟等不利事件发生，其业绩仍然未受到影响。最主要的原因是，丰田汽车公司采用了最合理的生产方式，努力降低生产成本，把工作效益落实到极致，几乎达到极限。

丰田汽车是如何做到这一点的呢？有个不成文的说法就是，它的员工大多是爱知县人。虽然在丰田汽车公司，爱知县、岐阜县和三重县这"东海三县"出身的员工曾经占到大多数，但是毫无疑问，爱知县出身的员工人数还是最多。

爱知县人在降低成本方面真是天赋异禀。尤其是爱知县的西部尾张地区、西三河（丰田市、冈崎市、刈谷市、安城市等）地区的人们，自古以来，在日常生活的成本节约方面就首屈一指。主要因为当地人自战国时代至江户时代初期，为在动荡的社会环境中生活，不得不掌握更多的生存技巧。

当织田信长（与丰臣秀吉、德川家康共同称为"日本战国三杰"。——编译注）掌控天下时，人们都觉得漫长的战国时代终于要结束了。但是还没等到人们松一口气，明智光秀（日本战国名将，织田信长帐下重要将领——编译注）及党羽就暗杀了织田信长。紧接着，明智光秀又遭到丰臣秀吉的讨伐。

其后，丰臣秀吉的势力发展迅速。就在人们认为丰臣秀吉要一统天下的时候，德川家康把丰臣秀吉从宝座上拉下来，甚至还灭掉丰臣秀吉的子孙。

织田信长、丰臣秀吉、德川家康都是出身于现在的爱知县。当地人在目睹了这场同乡人之间你方唱罢我登场夺权的大戏后，不免慨叹生活来之不易。人们更根本无法预测，谁能成为下一个当权者。无论谁成为当权者自己都必须服从。如果以为当权者可以长久依靠，是绝对错误的，还是首先保全自己吧……

这种情况下，当地人自然就会有独善其身、必须时刻准备好以防万一的想法。那个年代，需要准备的必需品就是粮食和衣物。万一被从当前的住所赶出来，只要有这两样就可以解决生存问题了。

根据历史，爱知县人总结出来的生活经验还不止这些。还有，为了生存，只要稍有危险的事情就不要插手。另外，更重要的一点，就是对官方不能绝对信任。

从战国时代末期直到明治维新大约300年中，这些做事方式已经成为遗传因子，被一代代的爱知县人传承下来。

德川家康铜像

## 爱知县人可怕的风险意识

现在这种理念仍然没有改变。有一个很好的例子就是,尾张、西三河地区的人,决定购买什么报纸,要取决于夹在其中的广告彩页的数量。

《朝日新闻》《读卖新闻》《每日新闻》《产经新闻》《日经新闻》等全国发行的报纸,在全国各地的销量几乎都比较好,但是在尾张、西三河地区,买的人却少之又少,这种情况在日本比较少见。

"价格相差无几,内容也没有那么大的差别,究竟为什么呢?"读卖新闻报社非常不能理解,无论通过何种方式都找不到原因,总之就是怪。

在职业棒球联赛中,当地报社中日新闻社支持的中日龙队与读卖新闻社支持的巨人队（东京）竞争激烈。在首都圈，读卖新闻社经常派发免费的观战门票作为促销手段，以吸引人们购买《读卖新闻》，但是从来没听说过中日新闻社采用过类似的方法促销。

但是，当地读者始终钟情于《中日新闻》。即使是刚刚搬到名古屋市的人，不久也会开始订阅《中日新闻》。

后来终于发现，理由很简单：购买《中日新闻》，可以获得更多的信息。但是，随《中日新闻》派发的广告彩页量不是一般的多，特别是周末，广告彩页甚至比报纸都厚。

广告内容基本上是有关商品打折、促销、特卖会等的信息。其中，有些还注明顾客持广告彩页可以领取赠品，或者直接在报纸上印刷促销券等。

尾张、西三河地区的人们会一张一张仔细确认，如果彩页上有中意的商品信息，就会马上计算特意去购买促销商品是否划算。店里其他商品的价格、路上所需时间、汽油费等，把这些因素细致考虑后，才付诸行动。

当地人对"免费""有赠品"等语言的免疫力较差，对有奖问答非常感兴趣。如果不花成本就能得到东西，爱知县人的反应那是相当迅速。

"好不容易努力赚到的钱怎么能带到棺材里？结婚仪式一定要风光。"外地人不仅嘲笑当地人的这种逻辑，还对那价格高昂的结婚彩礼感到震惊。其实这里也隐藏着当地人降低风险的想法：结婚彩礼也是一种保险。自己家的女儿出嫁后，离婚了怎么办？或者如果丈夫年纪轻轻的病死了，留下妻子怎么生活？ 如果这时手头有这些贵重的结婚彩礼，就可以卖掉换成现金，基本生活是可以保障的。但因此断定爱知县人爱慕虚荣，这是大错特错的。在他们的潜意识里，这些只是降低风险的手段而已。

储存、节约、不浪费，是尾张、西三河地区爱知县人养成的基本生活习惯。丰田汽车公司需要的正是有这样遗传因子的人们。

不用经营者反复去要求，只要他们把日常生活中养成的习惯运用到汽车生产中就足够了。

不论是经济高度成长时期，还是通缩时期，抑或全球经济危机时，当地人的习惯都没有任何改变。丰田汽车能站在世界的顶端，是历史的必然，这么说一点也不为过。

毫不夸张地说，如果丰田汽车公司位于九州、秋田县或者群马县，则不会成长为这样一个大企业。

日本各地有很多企业都在为削减成本而苦苦挣扎。在这样的大环境中，丰田汽车公司能不慌不忙地维持在行业前茅，不能不说和丰田汽车的诞生地有很大关系。当然，丰田公司各级员工的能力与努力有很大的原因。

科学把控成本、稳健的经营方针，保证了丰田汽车有绝对大的利润空间，因此外界对丰田汽车有了"名古屋最大品牌"之类的评价。

## 当地上学，当地就业

在爱知县，离开当地出去发展的人非常少，这可能也是成本意识的体现。从小学到大学直到就业，一直就没有离开过名古屋市和爱知县，这种人的数量之多令人吃惊。

在高中所在地直接上大学的比例高达72.1%，排在全国第三位（2014年）。第一位是冲绳县，第二位是北海道，这两地有其特殊原因可以理解。像爱知县这样在境内有大城市的县中，这种现象非常不正常。

相比较，东京都、神奈川县、埼玉县、千叶县等地的比例大约都是三分之一左右，京都府只有五分之一。而且，东京或京都的大学毕业生，返回家乡就业的不在少数。

确实，公司总部在名古屋市、爱知县境内的企业，数量众多。以丰田汽车公司为代表，年经营额超万亿（日元）、数千亿（日元）规模的企业比比皆是。比起在东京或周边地区企业就业后不得不加班加点地辛勤工作，名古屋的夜晚来得更早一些，对身体更好一些。

有些家长，不支持孩子去东京、大阪或京都，为了让孩子在本地上大学、就业，甚至给男孩子开出"为了通勤方便可以给你买车"这样的条件。

不禁想问问这些家长，一旦孩子长大成人走入社会，还要在父母跟前享受吗？作为家长，当然希望孩子在让人放心的环境中生活，这样做未免太娇惯了。这也是爱知县人降低成本的生活理念导致的结果：和父母生活在一起是最省钱的方法了。

因此，尾张、西三河地区的人们很难走出家乡。由此，这一地区有一种现象——熟人异常多。

如果与尾张、西三河地区的人聊天，"认识的人""朋友""亲戚""朋友的朋友""媳妇娘家的邻居""发小""兄弟的同学"之类的词语会频繁出现。可以看出，人们相互之间都有着某种联系。

如果是人口只有几千或几万的小地方，这种情况还可以理解，但这是有230万人口的政令指定都市名古屋市啊。况且，还有不少人是为了上班、上学、结婚而从其他地方搬来的，按常理说这些人应该和本地人没有那么多交集。

但是这些人与当地人也建立了如此广泛的联系，真是令人吃惊。对于这一现象，从其他大城市来此出差或临时工作的人实在难以理解。

因此在尾张、西三河地区，经商或者举办各种活动，很多场合都是由"亲戚""朋友""熟人""前辈""晚辈"等各种有关系的人联系到一起的。

有了人情往来，才能让人放心。那些在当地没有人情往来的人，难免会有一种受排斥的感觉。这部分人根本无法融入当地的生活，因此对名古屋既没有好感也没有坏印象，总之没感觉。

离开生我养我的家乡，会感到有精神负担。即使是在同一个国家，左右望去，全都是不认识的人，也会感到不安。

为了减少这种精神负担，尾张、西三河地区的人即使不得不搬家，也尽可能就近解决。身边总能有一两个认识的人，这样可以抵消不安的感觉。

而且在生我养我的家乡，有各种人情往来，做事就顺利。有时，还会拥有"共同的美好回忆"。即使是后一种，也是想要别人对自己可以特殊照顾，只不过表达方式略微朴素直白了些。

有了人情往来，办事就能节约成本。节约下来的则可以先存起来，在特殊时期使用。尾张、西三河地区的人非常喜欢这种方式。这种情形每天都在上演，没人会觉得不好，因为大家都是彼此彼此。

总之，尾张、西三河地区的人为了节约成本，非常讨厌变化。即使不得不有变化，也绝不插手未知领域。当地人的行动范围，只在自己的想象力范围之内。

## 有个性行不通，普通的才是最合适的

名古屋式生活方式带来的好处，就是无论丰田汽车公司还是家庭，可支配的收入都很多。即使钱包鼓鼓的，尾张、西三河地区的人也不随便花。

只有价值清晰的商品，尾张、西三河地区的人才愿意掏钱。商品一定是有形的东西，而不能是无形的。这里完全是"形而下"的世界，与前面所述的"形而上"的世界截然不同。

爱知县人对奢侈品的喜爱非同寻常。如果在 JR 名古屋站的大厅站一个小时，所看到的三个女性中肯定有一个人用的是奢侈品牌的包包，比如路易　威登（LOUIS VUITTON）、香奈儿（CHANEL）、古驰（GUCCI）、普拉达（PRADA）、高雅德（GOYARD）等，几乎到了让人无话可说的地步。

爱知县，特别是尾张、西三河地区的人，基本准则就是要规避风险，简单说讨厌冒险。

对于新鲜事物，特别是还没有定论的东西，如若让他们自己去挑战、去尝试，是与他们的性格严重不符的。他们讨厌失败后被别人批评，甚至讨厌被别人品头论足。

在购买商品特别是价格昂贵的商品时，首先要选择那些已经有了社会评价的东西。因此，奢侈品就成了最让人放心的商品。

作为这种思维方式的延伸，孩子结婚时，很多人都很在意对方的家庭情况。倒不是希望对方出身门第高，或者条件更好，如果能和自己家庭状况差不多最好。他们是担心如果双方家庭差异太大，会带来很多意想不到的问题，孩子会因此过得不顺，因此要规避这个风险。

还有就是在乎周围人的看法，当地人就时刻注意不要过于表现以免引人瞩目。如果连织田信长和丰臣秀吉那样完成统一伟业、号令天下的人最后连坟地都让人刨了，普通人就更要低调行事，不能过于张扬。即便最后登场的德川家康结局算是圆满，也不能说明任何问题。目睹了这一切，尾张、西三河地区的人总结出这样的结论："人啊，太张扬没有什么好结果"。

一旦女性杂志上介绍最新流行服装款式，尾张、西三河地区的女性马上就会跟风购买，结果是大家穿的都一样。在当地保持自己独特的风格，想都不要想。

其他地区特别在大城市，人们一般不愿和别人穿同样的衣服，因为那是很难堪的事情。尾张、西三河地区的人就不这样想。如果因为自己独特的穿衣风格引起对方的好奇，想想就是很可怕的事情。所以还是与其他人保持同一风格，不要太突出为好。

追求稳妥而不引人注目，导致的结果是所有人都一样。知道这一点就不难理解在名古屋站大厅看到的上述场景。

在尾张、西三河，最重要的是时刻把自己隐藏于普通大众之中，而且要彻底。

地位高在引人关注的同时，恐怕会让人说东道西，甚至让手下人掣肘。相反，地位低又会被人瞧不起。如果在"普通大众"之中，则不会引人注意，当然也就没有各种议论了。这样的良苦用心真是让人佩服得五体投地。

## "借钱很不靠谱，攒钱才是正道"

1980年后期到1990年的数年间，房地产泡沫曾席卷日本。

一开始只是地价上涨。从首都圈和关西圈，再到地方城市，土地价格都异常地大幅攀升。很多企业和个人开始以土地做担保，在银行等金融机构大量融资，然后再购买其他土地。

这一行为的前提是，今后（应该是永远）土地价格持续上涨（对不起，不能下降）。稍微冷静地思考一下，就会明白这是不可能的。

最终结局是，1991年以股票市场暴跌开始，全国的土地市场顷刻间价格大跌。用于担保的土地价值大幅降低，金融机构要求他们立刻还款，那些通过土地担保贷款的企业和个人陷入了危机。

"请到我这儿来贷款吧！""贷款好处多啊！""现在不贷款，还等什么时候啊！"从前如此热情的金融机构翻脸不认人，逼着这些企业和个人马上还钱，借钱的一方陷入无路可走的境地。

"被他们骗了！""一群混蛋！""现在这个时候，还说这种话！"尽管极度不满，可是那些发放贷款的金融机构冷酷无情，借款的企业或个人不得不屈从，吞下这个苦果。不少企业和个人损失惨重，从此一蹶不振。

但是这场土地泡沫（以及后来泡沫破裂）几乎与名古屋市、爱知县无缘。

通常情况下，新的经济现象从首都圈开始传导到关西圈，然后流向名古屋圈。在名古屋之后，会继续向札幌（北海道）、福冈（福冈县）等人口较多的地方城市传导。从人口规模和商业发展的影响力看，这是很正常的过程。但是这次的土地危机，名古屋市、爱知县一直置身事外。

不是爱知县人有先见之明，而是他们足够小心。在他们的潜意识里，认为凭一张纸片就能挣大钱这种事，极不靠谱。只有流汗干活才能赚到钱，这个理所当然的道理，已经深深地烙在当地人的脑海里。

当时这场土地泡沫持续了四年多，即使是冷静的爱知县人也快坐不住了。就在这把火即将烧到名古屋市、爱知县的时候，火灭了！名古屋市、爱知县的企业和个人得救了，几乎没有被烧伤的。

造成土地泡沫的基本原因，是用贷款进行再投资，这是一种极端危险的经济行为。而爱知县人是不喜欢借钱的，这种风气在很久之前就形成，根深蒂固。

借钱这种事与金额大小无关，最关键的是偿还能力。无论什么情况，没人敢保证100%能偿还。

当然，放款的一方要考察对方是否努力工作、业绩增长预期如何、信用如何、至今有无拖欠等情况。那只不过是试图确保借出的款项不要出问题的心理安慰罢了。说不准借到款的人当天就病倒无法工作，或者是遇到交通事故，也可能是关联企业业绩不好，导致支票无法兑付。借款时，大家都心照不宣地不提这些事。

不管借款人出什么事情，放贷方都不会减免借款金额，最终这些款项必须如约返还。综合考虑，不用借钱过日子、企业经营没有贷款是风险最小的。

土地泡沫，在当时是没有任何经验可以借鉴的，但是新生事物肯定有风险。摸着石头过河不如不过河安全，这才是爱知县人，特别是尾张、西三河地区土生土长的人们的生活态度。

"汽车、高级家具（作为结婚彩礼用）要用现金购买，不能用信用卡""没办信用卡啊"，等等——看到这儿，读者方才恍然大悟，原来如此。

**不为艺术买单**

尾张、西三河地区的人的共同价值观，简单地说就是"绝对不要浪费金钱、时间和精力"。

其中最容易理解的是金钱。一定要买有形状的商品，与之相反，就是绝对不为那些看不见的东西花钱。看不见的东西，首推文化艺术。

位于东京、京都和大阪之间的名古屋，先后出了织田信长、丰臣秀吉、德川家康三位统一天下的大人物，他们统治的时间有长有短，但是始终没有人把名古屋定为首都。

经过仔细考量会发现，这三个人都不符合爱知县当地人的性格。也许他们自己很清楚在自己的家乡，他们这种性格的人很难发展，所以，从没想过要把自己的出身之地作为首都。

以他们三人名义举办的大型活动"名古屋祭"（每年 10 月中旬举办）中，最重要的节目就是"家乡英杰游行"。全日本第四大城市举办的大型活动，在其他地区竟然无人知晓。

东京、大阪、京都、札幌、仙台、福冈、横滨等政令指定都市肯定有一两个全国知名的大型节日活动，但名古屋、千叶、川崎、广岛等地则几乎没有。

最近名古屋市有了一个"日本的中心祭"（每年 8 月的最后一个周末举办），内容基本模仿札幌的拉网节，总算向"全国水平"迈出了一小步。

这种文化活动，如果办得好会有非常好的经济效益，但是名古屋人、爱知县人至今还无法体会到。因此，他们并不觉得不举办这种活动有什么不对。即使没有这些，名古屋、爱知县的经济发展都在良好地运行。

对于尾张、西三河地区的人来说，为过节花费成本，怎么想都有点不划算。还是应该辛勤工作、赚钱、攒钱，才能以防万一。

如果一定要举办，就让政府全包，普通市民只要乐呵一下就行了。有那些时间和精力，还不如赚钱更有实际价值。

为什么欧洲会有那么灿烂的文化、艺术？因为不论哪个国家，不论哪个时代，都有贵族、商人、金融业者等富裕人群。自古以来，真正的有钱人都愿意为电影、喜剧、音乐、美术等艺术花钱。

他们花钱如流水，极尽奢华地造宫殿、庭园，并且向教会和修道院捐赠。他们还赞助艺术家创作传世佳作，乐此不疲，以此放松身心愉悦心情，并找到创造新财富的动力。他们努力工作的目的之一，就是为了这样的享受。

但是，尾张、西三河地区的人原来都是农民，想都没想过这种花钱方式。在他们看来，休息和娱乐都是为了更努力地工作。这样的认识和价值观，已经流淌在他们的血液里，并一代一代往下传。文化艺术方面的消费只能是他们最后不得已的选择。

当地人经常说"对东京有点想法"，并不是因为德川家康把幕府放在了江户而没有选择名古屋，真正的原因则是当地人非常乐意看到政治中心设置在远离名古屋的江户。因为如果成为全国瞩目的首都，还得为撑门面付出额外的成本，不如闷声发大财来得更好。

现在的东京不仅是日本的首都，还是世界的东京。2020年东京将举办夏季奥运会，将再次吸引世界的目光。东京却因此一直饱受人口高度集中之苦。

与之相对，尾张、西三河地区，土地充裕，基础设施完备，足够当地人愉快地生活。现在，大家都认为没有把首都设在这里真是太好了。

咖啡店一般是充满了文化艺术气息的地方，但是在尾张、西三河地区的咖啡馆，却丝毫没有这样的感觉，特别是从早晨到中午这段时间里。

尾张、西三河地区的咖啡店，以令人难以置信的超级"早餐服务"闻名，现在几乎无人不晓。

首都圈（关西地区也一样）咖啡馆里的早餐，提供的基本上就是咖啡、烤面包、煮鸡蛋和蔬菜色拉。在尾张、西三河地区，则远远不止这些。除了前面提到的四种，还有养乐多、果子面包，还有和式口味的饭团、酱汤、腌菜和铜锣烧，西式风格的有香蕉等水果和酸奶。关键这些只要一杯咖啡的价格，便宜得令人不敢相信。看着端上来的食物，不明白的人不免大呼"我可没点这些！"

爱知县人的上班时间比其他地方早，特别是从事制造业的人，饿肚子肯定干不了工作，上班前饱餐一顿是必不可少的。如果不能让客人吃饱精神抖擞地去工作，咖啡店就没人来了。

咖啡店不得不先把利润放在一边,提供丰富的早餐。如果能因此留住一定数量的客人,毕竟可以在其他时间段赚钱。

为了让客人在进餐期间可以了解当天的新闻,每个咖啡店里都预备了大量的当地报纸(《中日新闻》和《中日体育》)。

客人们一边看报纸,一边喝咖啡、吃面包,用煮鸡蛋补充精力,用蔬菜和水果保证营养均衡,用养乐多调整肠胃,用保健饮料补充体力。然后就是——工作!这是一套完整的程序。

对爱知县人来说,早晨饱餐一顿就是一天工作的动力源泉。

## 东三河人的进取精神

名古屋市拥有绝对的知名度,导致爱知县内其他地区的存在感非常低。大家都认为尾张、西三河地区的人代表了爱知县人。

爱知县东部的丰川市、新城市等丰川沿岸地区,加上渥美半岛一带称为东三河。这里与尾张、西三河地区的风土人情截然不同。

这里有在《东海道五十三次》(浮世绘画师歌川广重的作品,描绘旧日本由江户至京都经过的53个驿站的场景——编译注)里出现的二川(今丰桥市境内)、吉田(今丰桥市境内)、御油(今丰川市境内)、赤坂(今丰川市境内)等驿站,当时这些地方人员往来密集、信息交流方便。

江户时代的驿站,除设置有宾馆客栈外,还设有餐厅、茶馆等。往来的人在此歇脚、吃饭或住宿时,东三河人不但有机会与外来人进行充分的交流，还能不断接触到最新的信息。这些间接地影响当地人逐渐养成锐意进取的精神。

东三河人与邻近的远江（静冈县西部）相似，好奇心旺盛，都对现状不满，拥有追求新事物的强烈愿望。

前面讲过，尾张、西三河地区的人的生活习惯潜移默化地支持丰田汽车公司发展到今天，但别忘记丰田汽车公司的前身丰田自动织机厂却是由远州（今静冈县湖西市）出身的丰田佐吉创办的。

1867年，丰田佐吉小学毕业后，就在家里帮父亲丰田伊吉做木工活。看着村里贫困的生活状况，丰田佐吉心中燃起"必须拯救贫困家乡"的火焰。

他痛感知识的必要性，特意从东京订了报纸，把同伴集中起来，开办了"夜学会"。通过学习，丰田佐吉看到当时日本整个国家和家乡同样贫困，他对家乡的热爱逐渐转变为对国家的热爱。他琢磨着是否可以通过发明这条道路来促进工业发展，帮助日本成为富裕的国家。

当丰田佐吉为究竟要发明什么而苦恼的时候，想到了母亲织布的情形。当时人们还在使用原始的脚踏织机，用木棉织成1反（宽36厘米，长12厘米）的布要耗费相当多的时间和劳动力。1887年，丰田佐吉立志改造织机，开始废寝忘食地研究、实验。1890年，他终于发明了丰田式木制人力织机。

之后，丰田佐吉继续研究，1894年发明了自动换梭织机，1896年发明了木铁混制动力织机，1924年发明了世界最先进的 G 型自动织机。

此后，为拓展海外市场，他在中国、印度设厂，最终把技术出口到了纺织业发达的英国。

创立了丰田汽车的丰田喜一郎，就是丰田佐吉的长子。

原来"世界的 TOYOTA"的关键不是源于尾张、西三河，而是源于远州和东三河。虽然同在爱知县，这里有着与尾张、西三河完全不同的理念，那就是"勇于挑战新生事物""敢于向海外拓展"。

好奇心旺盛、喜欢新事物的东三河人，总是说"名古屋，无所谓嘛"，气势压人啊。

现实中，大多数日本人还是把名古屋市等同于爱知县，这真是大错特错了。特别是三河人，绝对无法接受这种说法。他们会坚定地强调自己来自爱知县的三河，生怕对方误认为自己是名古屋人。

原来从江户时代开始，尾张和三河的关系就非常不好。在三河，很多人都不希望人们把"爱知县"看作一个整体，虽然都生活在"philosophy（哲学）"中，但是各自的哲学内容差异太大了。

# 爱知县的重要数据和知名人士

## 爱知县在日本名列第一的几个领域

| 领域 | 数据 |
|---|---|
| 在咖啡店的消费（2012 年） | 12,833 日元 |
| CoCo 壹番屋连锁店店铺数量（2013 年） | 192 间 |
| 百货商场或综合商场店铺数量（2014 年） | 157 间 |
| UNY 系商场及便利店店铺数量（2010 年） | 100 间 |
| 眼科眼科医生比例（2014 年） | 5.18% |
| 外语补习班的数量（2014 年） | 892 间 |
| 25 岁以上从事高尔夫运动的人数（2011 年） | 633,000 人 |
| "加藤"姓氏的人数（2014 年） | 172,000 人 |

## 爱知县出身的名人

**政界：**

　　海部俊树（名古屋市）

　　河村隆之（名古屋市）

　　赤松广隆（名古屋市）

　　太田昭宏（新城市）

**商界：**

　　丰田喜一郎（名古屋市），丰田汽车工业创始人

　　安井正义（名古屋市），日本兄弟工业公司创始人

　　竹田和平（名古屋市），竹田制果公司创始人

　　津田弘（名古屋市），喜马拉雅制果公司创始人

　　西川俊男（名古屋市），UNI集团创始人

　　中岛董一郎（西尾市），丘比公司创始人

　　水谷丰（名古屋市），日本隐形眼镜公司创始人

**文化界：**

　　利根川进（日本名古屋市），生物学家（获诺贝尔生理学、医学奖）

　　小柴昌俊（丰桥市），获得诺贝尔物理学奖

　　小林诚（名古屋市），获诺贝尔物理学奖

益川敏英（名古屋市），获诺贝尔物理学奖得主

黑川纪章（蟹江町），建筑师

山口洋子（名古屋市），作词家、作家

联城三纪彦（名古屋市），作家

堤幸彦（名古屋市），电影导演

鸟山明（名古屋市），漫画家

堀井久美（名古屋市），漫画家

山村浩二（名古屋市），动画作家

富田勋（冈崎市），作曲家

喜多郎（丰桥市），作曲家

近藤浩治（名古屋市），作曲家

**演艺界：**

大桥卓弥（东海市），sukimaswitch 组合成员

常田真太郎（名古屋市），sukimaswitch 组合成员

石川秀美（濑户市），歌手

伊藤麻衣子（名古屋市），演员

近藤芳正（名古屋市），演员

濑户朝香（濑户市），演员

武田久美子（名古屋市），演员

户田惠子（春日井市），配音演员、演员

中野良子（常滑市），演员

森下千里（名古屋市），演员

**体育界：**

浅田舞（名古屋市），花样滑冰选手

浅田真央（名古屋市），花样滑冰选手

安藤美姬（名古屋市），花样滑冰选手

岩濑仁纪（西尾市），中日龙职业棒球队球员

ICHRO（丰山町），迈阿密马林鱼职业棒球队球员

金田久美子（名古屋市），职业高尔夫选手

# 爱知县特有的风味美食

## 名古屋站美食：棋子面

棋子面使用的是乌冬面，往小麦粉里加水和盐揉制而成。但是比普通的乌冬面扁平，表面更光滑，没有筋道。

依据日本农林省（JAS）的《干面类品质标示标准》规定，宽4.5毫米以上、厚度2.0毫米以下的带状面食，称为干扁面条、扁面条、棋子面、押面皮。

普通做法是，面条煮熟后加热的调味汤，以炸豆腐、鸡肉、葱、鲣鱼片（干鱼削成的薄片）做菜码。各家店的做法稍有不同，可以做成咖喱味、酱煮味等不同风味的棋子面。

"棋子面"的叫法，一说来源于纪州（今和歌山县）传来的"纪州面"，一说是用雉鸡肉为材料所以称为"雉鸡面"。"纪州面"和"雉鸡面"的日语读音都与"棋子面"相似，由此逐渐演变而成。

一般在车站站台里的拉面店里，销售的都是"荞麦面"或

"乌冬面"。但是在 JR 名古屋站内，无论是普通电车还是新干线，站台上都是卖"棋子面"的店铺。

## 味噌猪排

炸猪排是要蘸着烤肉酱吃的。在日本，这是常识。但是味噌猪排打破了这一常规，以八丁味噌、鲣鱼制成的调味料和砂糖等制成口味独特的调料汁代替一般的烤肉酱，有味噌猪排盖浇饭、味噌猪排三明治等吃法，经常出现在一般家庭的餐桌上。

## 居酒屋人气小吃：炸鸡翅尖

名古屋市内有一间居酒屋名叫"风来坊"，炸鸡翅尖作为这里的一道下酒菜，迅速红遍全国，成为人气小吃。

鸡翅尖油炸后蘸汁，撒上盐、胡椒粉、白芝麻后食用。入口酥脆，味道十足，非常适合喝啤酒，当然与其他酒类也很配。

## 一菜三吃：碎鳗鱼饭

将烧烤的鳗鱼切成小块，洒在小饭桶里的米饭上。食用时，大家用小碗取用。

外形不整的鳗鱼，是不能当作商品给客人的。如果扔掉又非常浪费，尾张、西三河地区的人们就开始考虑怎么能物尽其用。于是诞生了将鳗鱼切成小块的"碎鳗鱼饭"。

碎鳗鱼饭的最大特点，是一道菜可以有三种吃法：第一碗直接吃，第二碗加芥末、海苔、葱末等佐料吃，第三碗加拌饭料加水吃。这种方式充分体现了"名古屋式的合理主义"。

### 外郎糕

看上去像是羊羹，但是羊羹是以小豆馅制成的。外郎则是在米粉中加砂糖蒸制而成的点心。一般使用红糖，还可以加入抹茶或小豆。

不仅很多外地游客到名古屋时购买外郎糕，名古屋当地人也多以外郎糕作为礼物，据说是因为"外郎糕看起来有一种厚重感，可以让对方感到自己的深厚情谊"。

# 中国游客不可错过的爱知县景点

## 爱知县体育馆

1971年，名古屋市举办了第31届世界乒乓球锦标赛。时隔六年，中国队再次参赛，当时正值中国与西方世界关系紧张时期。为缓和这种紧张的国际关系，在那之后，中国邀请欧美选手访问中国。这被称为"乒乓外交"。提供这个舞台的，就是爱知县体育馆。

爱知县体育馆是位于名古屋市中区的县立综合体育场馆，是在旧名古屋城二丸御店的遗址上兴建的。此地不仅会举办职业拳击赛、古典式摔跤等比赛，每年7月还会举办大相扑比赛。除体育比赛外，还举办音乐会等各种大型活动，以及大学新生的开学仪式。

作为"乒乓外交"舞台的名古屋市，于2005年9月末，建立了中国驻名古屋总领事馆。

## 无量寺

无量寺位于蒲郡市，是真言宗醍醐派的寺院，本尊为"西浦不动（佛教密宗不动明王）"。

据说，无量寺创建于951年。寺内建有佛塔，是模仿西安的大雁塔所建，造型与大雁塔一模一样。三藏法师玄奘从印度带回的佛教经典就存于西安的大雁塔内。大雁塔是砖仿木结构，共有7层，各楼层之间阶梯10阶，而无量寺的佛塔只有其三分之一。

在正堂，还有仿照中国寺院建造的"千佛洞"。可以说，无量寺里到处都充溢着浓浓的中国风。

# 与中国各省市结成友好城市的行政自治体

### 爱知县——江苏省

1972年日中邦交关系正常化后,日本各地的行政区都开始积极开展与中国的交流。1978年,南京市友好访问团到访爱知县,在和县知事会面时,谈及希望深化双方在农业、工业等各方面的交流。

1979年,江苏省经济友好代表团提议进一步发展双方的友好合作关系。同年12月,依据县议会的意向,爱知县知事提出建立合作关系的建议。1980年7月,双方签订了友好关系协议书。

### 名古屋市——南京市(江苏省)

名古屋市一直希望与中国的城市建立友好城市关系。1978年,"名古屋市市民之翼友好访华团"访问中国之际,中方建议名古屋市与南京市建立友好合作关系。名古屋市议会和商工会所都表示同意，因此两地关系迅速发展。同年末，南京市友好访问团访问名古屋市，双方举行了友好城市关系协议的签字仪式。

## 丰桥市——南通市（江苏省）

1984年9月，江苏省有关领导向丰桥商工会议所经济考察团推荐了南通市。同年11月，南通市副市长访问丰桥市，表达了建立友好合作关系的意愿。1985年，丰桥市政府职员赴南通市考察，从此丰桥市政府、议会、友好团体等接连访问南通市，双方交往不断。1987年5月，两市签订了友好城市协议。

## 冈崎市——呼和浩特市（内蒙古自治区）

令人意外的是，两地建立友好合作关系的过程中，亚洲驴起到了关键作用。1985年3月，呼和浩特市市长拜访了冈崎市。在双方会谈中，谈及家畜时，约定"向冈崎市的孩子们捐赠亚洲驴"。同年11月，两头亚洲驴被送到冈崎市。翌年，呼和浩特市提出建立友好城市关系的愿望。

冈崎市为此设立了日中友好交流委员会。1987年8月，双方签订了友好合作协议。

## 濑户市——景德镇市（江苏省）

景德镇是世界上为数不多的具有悠久历史的瓷器产地，有"瓷都"之称。景德镇的瓷器不但对日本瓷器烧造有巨大影响，甚至令德国的梅森（米 EISSEN）、英国的玮致活（WEDGWOOD）等知名瓷器品牌的工匠至今都不敢轻视。现在，景德镇市民中的约半数仍旧从事着与制瓷相关的工作。

濑户市，是日本有代表性的陶瓷器产地。因为此地出产的瓷器遍布日本，一般把陶瓷称为"濑户物"。

1976 年之后，濑户市希望通过陶瓷与中国交流谋求共同发展，因此民间团体和政府代表访问了景德镇市。因为时机还不成熟，双方交流曾经一度中断。

直到 1991 年，景德镇市向濑户市发函，希望继续开展友好交流活动。1992 年，在濑户市商工会议所成立四十五周年之际，濑户市讨论了与景德镇市交流的问题。

1994 年 9 月，在濑户市举办景德镇陶瓷展时，还提议在景德镇举办濑户陶瓷展。

为促成此事，1996 年 2 月，濑户市代表团访问了景德镇市。当时景德镇方面再次提出了建立友好合作关系的意向。同年 5 月，濑户市及景德镇市友好城市合作委员会成立。同年 10 月，双方签订了友好合作协议书。

从 1997 年起，濑户市的市民及中学生访问团相继访问景德镇市，双方交流不断发展。

### 稻泽市——赤峰市（内蒙古自治区）

1985 年 4 月，赤峰市经济考察团赴日考察植树产业状况时，访问了稻泽市。在双方会谈中，赤峰市提议双方建立友好合作关系。此后，双方互访，开始为建立友好合作关系做准备。1989年5月，双方签订了友好关系协议书。

之后，赤峰市考察了稻泽市的农业、经济、教育等各方面状况，稻泽市则派出五周年纪念访问团以及市民团体访问了赤峰市。在1999年双方建立合作关系十周年之际，稻泽市举办了中国赤峰书画展和中国琵琶音乐会，两地小学之间开展了儿童画、书法等交流活动。

## 半田市——徐州市（江苏省）

借1980年爱知县和江苏省建立了友好县省关系的东风，1985年半田市代表参加了"知多地区各行政区代表友好访中团"，当时访问的城市之一就有徐州市。

之后，两市之间的交流活动在教育、农业、牧业等方面迅速开展，从互访交流逐步扩展到两地少儿的交流，范围逐步扩大。

1992年，徐州市正式向半田市提出建立友好合作关系的建议。1993年5月，双方签订了友好城市合作协议书。

巧合的是，两市在同一纬度上。

## 丰川市——无锡市新区（江苏省）

无锡高新技术产业开发区是该市新设置的行政区。2005年，丰川市市长访问无锡市新区。在经历多次互访后，双方建立友好合作关系的条件日渐成熟，于2009年4月签订了友好城市关系协议。

### 犬山市——襄阳市（湖北省）

两市的历史有很多共通之处，共同拥有猿猴、城、历史悠久等相同的三要素。

犬山市历史悠久，城内现存的天守阁被指定为日本国宝。同样，襄阳市早在东汉末年，就因刘备手下大将关羽与曹操手下大将曹仁之间的"樊城之战"而闻名。

设在犬山市的日本猿类中心，一直考虑引入中国湖北省的珍惜品种金丝猴（金丝猴被称为"金猴"，据说是《西游记》中孙悟空的原型。——编译注）繁育并研究。为此，犬山市于1981年1月向湖北省政府发函。同年5月，湖北省政府向犬山市市长发出邀请函。在该中心的代表访问中国时，湖北省政府推荐了襄樊市（2010年12月，改称襄阳市）。之后，两市互访不断。1983年3月正式结为友好城市。

### 田原市——昆山市（江苏省）

为提高对国际事务的理解，培养应对国际问题的人才，旧赤羽根町一直不断尝试，在就推进与海外交流合作向民间征求意见时，名誉市民、东海电视台会长铃木充推荐了昆山市。1991年，双方进行互访。1993年5月，签订了友好交流备忘录。

2003年，赤羽根町与田原町合并为田原市，双方继续保持了友好合作关系。

# 十一 岐阜县

平凡本分，低调不张扬，不计较得失。

# 简　介

平时不太受人关注的岐阜县，到了夏季，总是因为酷暑吸引人的目光。2007年8月16日，岐阜县的多治见市气温达到了40.9℃，打破了保持74年的日本最高气温记录。

很少有人能马上正确指出岐阜县在日本的位置。岐阜县有82%的面积是山地（排在全日本第二位），平地所剩无几。岐阜县人质朴无华，在仅有的一点平地上默默劳作。自我表现、能说会道等这些个性特点都与岐阜人无缘。对岐阜县来说，不仅外人没留下什么印象，连媒体也很少提及。

战国时代，岐阜县南部（旧美浓国）距离京都近，在当地的中山道上经过的人员、物资往来频繁，信息交流方便，是当时的军事要地。当地人因此能频繁地和近江商人、伊势商人接触。与被山地包围的岐阜县北部（旧飞驒国）相比，岐阜县南部的人们性格更加开放，更擅于逐利。

按人口比例计算，咖啡店（或茶馆）的数量在全国排第二位，消费排在第一位。江户时代，岐阜县所在地区被分成若干小藩镇，对于活动范围有限的当地人来说，茶馆是适合人们长时间深入交流的地方，还能让人忘记外面的酷暑和严寒。

**岐阜县的与众不同：**

①在全国市町村中高山市面积最大，甚至比大阪府、香川县面积还大。

②陶瓷、刀具、瓦楞纸的产量位列日本第一。

# 岐阜县的地理概况和气候条件

根据总务省统计局发表的国情调查结果,岐阜县位于"日本人口重心(人口重心又称人口中心,为地区人口分布的综合统计与表示方法之一)"。

现在的岐阜县,主要是旧美浓国和旧飞驒国所在的地方构成,还包括了旧越前国、信浓国、尾张国、伊势国等地极小的一部分。

县厅所在地岐阜市,位于南部的美浓地区,这一带属于浓尾平原,木曾三川(木曾川、长良川、揖斐川)在平原西南部交汇。这一带很多地区都在海平面以下,为防止水患,建筑了称为"轮中(围堰)"的堤防。

北部的飞驒地区,北阿尔卑斯山即飞驒山脉大部分山峰海拔都在3,000米以上,在高山之间偶有的盆地就是仅有的平坦土地了。

虽然岐阜县不临海,但是不乏大川大河。岐阜县内有几大水系:北部是注入日本海的神通川水系和庄川水系,南部是注入太平洋的木曾川水系，中部郡上市附近有注入日本海的九头龙川水系，等等。

气候大致分为三个类型：美浓地区大部属太平洋式气候，飞驒地区大部属日本海式气候，上述两地各有一部分属于中央高地式气候。

美浓地区被低山包围，夏季炎热，冬季寒冷，昼夜温差大。如前面所述，2007年8月多治见市曾创过日本国内最高气温的记录（40.9℃），与埼玉县熊谷市并列。西部的伊吹下山风带来干燥寒冷的空气，因此美浓地区冬季多晴朗干燥的天气。每当形成冬季强气压场时，局部地区就会有大雪。

飞驒地区海拔较高，夏季气温比美浓地区低，高山之间的盆地会有酷热天气。因为湿度较低，相对比较舒适。

北阿尔卑斯山脉

内陆的山地,是本州冬季最寒冷的地区。高山市于1981年2月曾有过零下25.4℃的最低温记录。

属于中央高地式气候的部分地区,时不时会下大雪,是暴雪地带。

**岐阜县相关数据:**

面积:10,621.29平方千米

总人口:2,030,215人(截至2016年2月1日)

人口密度:191人/平方千米

相邻的都道府县:富山县、石川县、福井县、长野县、爱知县、三重县、滋贺县

# 岐阜县人的性格特征

## 岐阜县的历史存在感

比岐阜县知名度更高的景点是高山，但是知道高山位于岐阜县境内的人并不太多。这一点比较像日光和枥木县的关系。另外，枥木县是民风质朴的地方。这一点岐阜县与之相似，民风甚至比枥木县更加淳朴。

我想到一个极端的例子。这是很久以前的事了，我曾在名古屋市内的书店看到一本令人无比悲凉的书，书名为《岐阜是名古屋的殖民地》。大体内容就是岐阜县缺乏独立性、自主性，未来将作为名古屋的"殖民地"，经济完全受其支配，只能在其统治下才能生存和发展。

岐阜县当然也希望"独立"，但这并非易事，因为爱知县、名古屋市对岐阜县的影响力过于强大了。岐阜县并不是小县，但是鲜花为什么甘于在角落里悄悄盛开呢？

岐阜县人口大约203万，排在全国第17位，巧合的是与名古屋市人口基本相同，比栃木县和群马县多一点。

从地理位置上看，岐阜县位于东日本和西日本的交界处。战国时代，有"得美浓者得天下"之说，是重要的军事要地。从三河（爱知县东部）、骏河（静冈县中部）出发去京都的话，走美浓是最快的。关原（位于旧美浓国不破郡，旧称不破关口。曾爆发历史上著名的关原之战。——编译注）也在岐阜县。

如果能够很好地利用这个资源，岐阜县应该有更强的存在感。但是，当地人只是把这里当作了一个路口而已。

如果在当地人员往来频繁的话，当地人一般会养成进取精神。但是在全国最肥沃的浓尾平原的一角，岐阜人专注于农业耕作，养成了保守的性格，可能是条件过于优越的负作用吧。

当时，这里曾是军家必争的"要地"。但在1603年江户幕府开始后，以东海道为中心的体系建立，岐阜再没机会翻盘了。

东海道是江户时代的五街道之一。通过东海道而从名古屋经三重县、滋贺县，不经过岐阜县，直达京都。从那时起，岐阜县的中山道，就成了一条小道。

还有一点，江户幕府时刻关注御三家（德川将军直系三家的尊称）之一尾张（名古屋）德川家的动向，极大促成了东海道的崛起。现在岐阜县的存在感不足和这件事有直接关系。

这种情况持续了将近300年。在此期间，岐阜县人慢慢形成了质朴老实的性格，这也影响着当代岐阜县人。

岐阜县境内没有海，但木曾川、长良川、揖斐川都流经岐阜县。除木曾川之外，其他两条大河的发源地就在岐阜县境内，所以岐阜和大海还是有一点点联系的。让人难受的是，尽管入海口就在咫尺之地，岐阜县内还是没有大海。

占据了入海口的是爱知县这样的大县。爱知县拥有人口排在全国第四位的政令指定都市名古屋，无论名气还是实力，都是中部经济圈的老大，中部各县多多少少都受到名古屋的影响。

与名古屋市最近的岐阜县和三重县，给人一模模糊糊、不甚了了的印象。这种情形，比较像是东京都与埼玉县、千叶县的关系。

与此不同的是，静冈县也与爱知县相邻，却有很多不输给名古屋市的国际型大企业，城市文化也与东京接近。看来，岐阜县至今还没有摆脱爱知县及名古屋市的"殖民地"地位。

## 最理想的生活方式和处世哲学

提起岐阜县人的性格特征：保守、耿直、勤勉、意志坚定，都是老掉牙的说法了。《人国记》中写道："如果打磨适当，会发出水晶般的耀眼光芒，但是打磨他需要耗费巨大的能量和精力，结果只好放弃了。"

岐阜人低调不张扬，是日本人的典型性格。对他们来说，绝不会为取得巨大成果而张扬自己的个性，踏踏实实地生活才是正确的选择。

在岐阜县难以看到令人瞩目的产业，也没有全国知名的大企业。截至目前岐阜县也没有出过一位首相。文艺界中有不少岐阜县出身的，如野口五郎、松原智惠子、清水美智子、中条清、伊藤英明等。他们没有普通艺人油头粉面、意气风发的特点，也没有给人留下一切以自己为中心、挑三拣四的印象。

当然这是岐阜县人，同时也是普通日本人理想的生活方式。但是这样下去，真有可能被爱知县或者名古屋市一口吞掉了。

爱知县人与岐阜人有相似之处，但是爱知县人看到经济利益的时候，马上就会干劲十足。当然，对爱知县来说，只知道默默地辛苦劳作、没有自我主张的岐阜人，就是自己最好的仆从了。

如果说爱知县和名古屋市所得利益中其中一大半都是岐阜县人贡献的，这一点也不为过。这不就是"殖民地"的特性嘛。

## 知足者常乐

江户时代，美浓国经常爆发农民暴动。但是每次都是中途妥协，半途而废，农民的要求从来没有得到满足。即使有满腹的不满情绪，当地人也只能长叹一声："唉！就这样吧。"长此以往，不知不觉地影响了当地人的性格。还有，这一带河流经常泛滥，为此消耗了大量精力，弄得美浓人疲惫不堪，因此没有精力管其他事了。

远一点的飞驒国怎么样呢，看看《人国记》的说法："默守陈规，可以在日本排第一。不管怎样，哪儿也不去，啥也不干，顺其自然地生活。信奉平平淡淡的人生最好，是一个安逸舒适的地方。"

战国时代，金森氏成为国主，一直统治着飞驒国。在之后的110年间，曾历经六代人。第一代国主金森长近是千利休，日本茶道宗师，人称茶圣门下弟子。第二代国主金森可重是千利休的长子千道安的弟子。金森家是一个精通茶道的家族。

金森可重的长子金森重近，后来改名为宗和，为后世留下了以高雅、细腻为特点的"姬宗和"茶道。据说宗和派茶道的点茶方式现在仅存于高山市。

飞驒地区出人头地、人前显贵的观念淡漠，性格不拘谨。但不是说，他们不了解世间动向，没有社会常识。

对于每天面临竞争压力的现代人来说，和岐阜县人说话本身就能放松心情。特别是以小京都著称的高山市为中心的飞驒地区，当地人的精神世界之丰富远在岐阜县其他地区之上。

高山市，是岐阜县北部知名的木材产地。被列入世界文化遗产的白川乡就在高山市。

从遥远的奈良时代（710年—794年）开始，那些被称为"飞驒工匠"的当地工匠就广泛参与了都城的建造。因为与都城的交流甚多，所以还在当地建造了国分寺和国分尼寺。因与奈良和京都的联系紧密，当地人荣誉感强，给人品格高尚的感觉。

高山市独特的文化吸引了世界各地的游客。幸运的是，高山市并不像京都、镰仓那样拥挤不堪，因此更加舒适和放松。

飞驒地区山高谷深。在恬静舒缓的氛围中，与当地人聊一聊让外来游客身心愉悦，飞驒人是无上喜悦的。

当地人以自己是飞驒人而骄傲。自我介绍时，他们一般说："我是高山人"。如果对方附和："哦，是岐阜县人"，马上会遭到对方的纠正："不，我是飞驒人。"

总之，与其他不临海的府县一样，待人和善亲切，不仅是美浓和飞驒地区而且是整个岐阜县地区的魅力所在。

# 岐阜县的重要数据和知名人士

岐阜县在日本名列第一的几个领域

| 领域 | 数据 |
| --- | --- |
| 在外用餐（日式料理）费用（2012年） | 44,875日元 |
| 柿子消费量（2010年） | 7,373克 |
| 汽车销售店（2014年） | 2,100间 |
| 儿科医生比例（2014年） | 16.74% |
| 举办结婚仪式的场次（2014年） | 47间 |
| 制造业工厂数量（2013年） | 6,184间 |
| 外国人研修生技能实习生人数（2014年） | 10,068人 |
| 在日本的菲律宾人人数（2015年） | 10,255人 |
| 日本男性国际通婚比例（2012年） | 3.98% |
| EIDEN电器店店铺数量（2011年） | 16间 |

## 岐阜县出身的名人

**政界：**

平泽胜荣（白川村）

棚桥泰文（大垣市）

**商界：**

长濑富郎（中津川市），花王创始人

水野利八（大垣市），美津浓创始人

立川勇次郎（大垣市），揖斐川电力工业公司创始人

**文化界：**

日比野克彦（岐阜市），现代美术家、东京艺术大学教授

久保田弘信（大垣市），新闻照片报道记者

山本宽斋（岐阜市），设计师

北川悦吏子（美浓加茂市），编剧

赤座英春（可儿市），漫画家

伊藤润二（中津川市），漫画家

神山征二郎（岐阜市），电影导演

篠田正浩（岐阜市），电影导演

杉山丰（岐阜市），动画制作人

中村健治（大垣市），动画导演

**演艺界：**

伊藤英明（岐阜市），演员

冈田奈奈（岐阜市），演员

中条清（岐阜市），歌手、演员

细川茂树（大垣市），演员

熊田曜子（岐阜市），写真偶像

神奈月（土岐市），演员

清水美智子（高山市），演员

佐藤宗幸（可儿市），音乐创作人

石原询子（池田町），歌手

野口五郎（美浓市），歌手

**体育界：**

高桥尚子（岐阜市），马拉松选手

铃木亨（岐阜市），职业高尔夫选手

石原庆幸（大垣市），广岛东洋鲤鱼职业棒球队球员

嶋基宏（海津市），东北乐天金鹰职业棒球队球员

三上朋也（多治见市），横滨海湾星职业棒球队球员

# 岐阜县特有的风味美食

### 高山市小吃：红萝卜腌菜

飞驒红丸是一种以高山市为中心广泛种植的萝卜，腌制后食用，口感更顺滑。据说是八贺萝卜发生基因突变后，变成红色了。

### 全鱼宴主菜：鲇鱼

长良川的鸬鹚表演，模仿的是一种古老的捕鱼方法。点燃篝火，驱使鸬鹚去捕捉受惊的鲇鱼。每年5月11日至10月15日，除了月圆之夜和大雨天之外，这种情景每天都能看到。

长良川的水质适宜苔藓在石头上生长，以此为主要食物的香鱼，味道很是鲜美。盐烤是香鱼最好的食用方法。

还有全鱼宴，全部以香鱼为原料加工。有前菜、刺身、香鱼寿司、盐烤、锅巴肉、炖煮、煎小鱼，最后是杂烩粥收尾。

日语中香鱼写成汉字"鲇"，据说当年神功皇后（日本历史上第 14 代天皇仲哀天皇的皇后。——编译注）出征朝鲜时，钓香鱼做占卜。本意为"占鱼"，最终演变成汉字"鮎"。有意思的是，在中国"鮎鱼"指的是"鲶鱼"，二者在体型上没有任何相似点。

### 家传料理：鸡肉炒素

用味噌腌渍过的鸡肉和圆白菜等蔬菜一起炒熟后的料理，称为鸡肉炒素，是飞驒地区的特色料理之一。各店的用料和味道不同，还有用酱油调味的。鸡肉炒素也是一道家庭料理，有自己家传的调味方法和独特味道。

### 美浓特产：富有柿

个大肉厚、果肉软甘甜，是富有柿的特点。据说富有柿的原产地是美浓地区的瑞浪市（另有一种说法是本巢市）。

其名称出自《礼记》"富有四海之内"这句话。

### 乡土料理：朴树叶味噌（日式大酱）

朴树叶味噌是飞驒地区的乡土料理，是当地的饭店旅馆必有的一道菜。

做法相当简单，在朴树叶上抹上味噌（日本大酱），放香菇、大葱烤，烤好后就着米饭吃，也是很好的下酒菜。

# 中国游客不可错过的岐阜县景点

## 虎溪山永保寺

位于多治见市虎溪山町的永保寺,是高僧梦窓疎石开创的临济宗南禅寺派的寺院。

此地原名为古溪,因江西省庐山有名山虎溪,因此改名。

僧侣梦窓疎石也是著名的庭园设计师。寺院内的池泉回游式庭园,被列为国家级名胜。架在卧龙池(又称心字池)上的无际桥,是日本百座名桥之一。

永保寺、正眼寺(位于美浓加茂市)、大仙寺(位于八百津町)并称为"美浓三大道场"。

## 岐阜城

可以说,在日本的各个都道府县中,没有哪个地方能像岐阜县这样与中国有深刻渊源。岐阜的"岐"字,来自于中国古代周王朝的发源地陕西岐山;"阜"字,则来源于孔子的故乡山东曲阜。

希望以武力终结乱世统一天下的织田信长,将原来的"井之口"改称"岐阜",并由此开始"天下布武"。

当时,在尾张的清州城、小牧城之后,织田信长移住稻叶山城,并在"岐山""岐阳""岐阜"三个名字之中挑中了"岐阜"。

据说,这三个名字都是僧人泽彦宗恩提议的,取自中国传说"周武王居岐山,平天下"。还有另外一个含义,即在实现"天下布武"的目标之后,在和平年代,要把此地建成天下的学问中心。

被称为"美浓毒蛇"的斋藤道三曾说过"得美浓者得天下"。斋藤道三夺取天下所依赖的据点正是建在稻叶山(海拔329米)上的稻叶山城。但是最终斋藤道三却选择将城池和家督之位传给嫡子义龙,自己出家。之后,两人关系恶化,骨肉相残。结果是斋藤道三战死。但不久后,义龙突然病死。其子龙兴继承了斋藤家。

此后,身为斋藤道三女婿的织田信长发动攻击,夺取了稻叶山城。他在此地筑造新城并以此为统一天下的据点。当时的稻叶山,每当柯树花开时,金光闪闪,织田信长遂将稻叶山改称"金华山"。

号称固若金汤的岐阜城,历经小牧长久手之战和关原之战,遭受战火重创,1601年被德川家康彻底毁掉。1910年复建的天守阁,又于1943年毁于大火。现在我们看到的天守阁是1956年建成的。

## 日中友好庭园

公园就建在岐阜城所在的金华山山脚下。1989年，为纪念岐阜市和浙江省杭州市友好合作关系确立十周年，建成了日中友好庭园。庭园内的建筑以及山石都具有中国传统风格，并模仿杭州市著名景点西湖建造了池塘。

园中最重要的看点是"日中不再战碑"。1952年，岐阜市与中国人民外交学会就"建立反侵略战争纪念碑""侵略战争由日本军国主义者发动，给日中两国人民带来灾难""日中两国国民要世代友好，坚守亚洲及世界和平"等内容进行交流。在此基础上，1963年建立了纪念碑。

岐阜公园在当年6月2日，杭州市柳浪闻莺公园在当年12月15日，分别举办了纪念碑揭幕仪式。

# 与中国各省市结成友好城市的行政自治体

### 岐阜县——江西省

1984年,日中友好岐阜县议会议员联盟第三次组团访问了江西省,双方建立友好合作关系的条件日趋成熟。除两地间的人员交流,还开展了很多领域的交流活动,比如在岐阜县美术馆举办江西省文物展等。1988年6月,双方签订了友好合作关系协定书。

### 岐阜市——杭州市(浙江省)

1955年12月,应中国红十字会的要求,日本方面举办中国被俘人员殉难者慰灵祭,并送还遗骨,由此双方开始了交流。翌年,岐阜市的代表团访问了中国。1957年,岐阜市与杭州市两市市长交换了碑文。1963年,如前文所述,两市各自修建了纪念碑,进一步深化了彼此间的友好关系。

1972年中日邦交正常化之后,两市频繁交流。1979年2月,双方确立了友好合作关系。

## 高山市——丽江市（云南省）

受丽江市委托，经日本佳速航空公司（Japan Air System，后并入日本航空）从中斡旋，两地之间开始了交流活动。两市至今都保留着众多的传统文化和建筑，是两市交流的合作基础。高山市市长、议会代表、市民多次访问丽江市。2002年3月，双方最终确定了友好合作关系。

顺便说一下，过去日本佳速航空使用的两字代码"JD"，现在由中国新兴的航空公司北京首都航空使用。

## 关市——黄石市（湖北省）

1985年，关市的服装企业在黄石市开办了合资企业，因此，关市市长带领着政府官员访问了黄石市。此后，关市一直接收由黄石市派遣的缝纫研修生。

随着日本的其他产业在中国积极地发展，关市内部对于与中国城市建立友好合作关系的呼声逐渐高涨，渊源较深的黄石市成为最有力的候选城市。1997年，双方正式签订了友好合作关系协议。

## 瑞浪市——醴陵市（湖南省）

1974年，瑞浪市为积极发展同中国的友好交流，成立了日中友好都市促进协议会。经过深入探讨协商，因有着陶瓷业发达、山清水秀的共同点，瑞浪市选定了醴陵县。1980年，瑞浪市提出了建立友好合作关系的意愿。1985年，醴陵县升级为醴陵市，双方的友好合作的呼声进一步高涨。1987年，双方缔结了友好城市协议。

### 安八町——丰城市（江西省）

安八町不但是岐阜县境内屈指可数的粮食产区，而且工业也很发达，大型企业很多。自1993年起，与丰城市就不断开展以小学生为中心的教育交流活动。1999年8月，以町长为团长的友好访问团到访丰城市，双方确立了交流意向，并签订了友好交流备忘录。2001年5月，两地正式签订了友好交流协议书。

### 大野町——邵阳市（湖南省）

战争时期，大野町有人曾在邵阳市驻扎。37年后，这个人与当时结识的中国人的弟弟再次见面，两个地方也因此结缘。之后，应邵阳市的要求两地开始了交流活动。1996年10月，双方签订了友好合作关系协议书。

## 十二 三重县

性格迥异，但又自得其乐。

# 简　介

提到三重县，很多人可能短时间内无法确定位置。但是，如果说起旧的伊势国和志摩国，倒是立刻能够反应过来。这两个旧藩镇，再加上忍术的发源地伊贺国，以及纪伊国的东北部，组成了现在的三重县。

三重县南北长达 180 千米，所以各地气候差异非常大。冬季时，最北部的伊那部市和南部的熊野市温差为 5℃—6℃。各地人的特点也不同，西北山区的人们忍耐力强，面向太平洋的南部地区比较开朗大方。

中部的志摩半岛一带属于里亚式海岸地形（因为土地沉降和海水上升，形成锯齿般的复杂海岸）。为了摆脱这闭塞的环境，有人不得不渡海出外谋生。东北部地区的人们，和爱知县的西部、岐阜县相似，比较踏实。语言方面，三重县全县基本都是关西口音。

三重县历史悠久，熊野古道登上了世界遗产名录，从各地来伊势神宫的人们络绎不绝。因此三重县人心地善良，待人热情。与外界的信息交流很方便，出了不少大商人。

虽然自然环境不错，日照时间很长，但是三重县内适合农耕的平整土地很少，又没有什么特产。直到明治初年，还主要以渔业、林业为主，没有其他产业。这种情况下，赖以发展的唯有观光资源。

**三重县的与众不同：**

①三重县县厅所在地津市，是日本名字最短的市。

②珍珠项链的产量排在日本第一位。

③海女（潜水采珍珠贝等的渔女）的人数排在日本第一位。

# 三重县的地理概况和气候条件

三重县南北长 180 千米，东西宽 108 千米，地形狭长，地貌复杂，变化多样。境内既有伊势湾和熊野滩等地的海岸地带，又有以伊势平原为代表的平原区，还有以铃鹿山脉为代表的山区和上野盆地。

从伊势湾至松阪市有一段裸露在外的断层面（月出中央构造线），是日本国内最大规模的断层面。

县东部的伊势平原临伊势湾，熊野滩在志摩半岛的东南部。

三重县西部与滋贺县、京都府、奈良县、歌山县相邻，铃鹿山脉、笠置山地、台高山脉、纪伊山地等山脉在境内连绵起伏。

三重县南部占据了纪伊半岛的东部地区，隔熊野川与歌山县相邻。北部以养老山地、木曾三川（长良川、木曾川、揖斐川）为界与爱知县相邻。

总之，三重县南北狭长，境内平原、山地、盆地等地形多样，相应的气候类型丰富。

南部从熊野滩沿岸至伊势湾沿岸，基本是太平洋式气候，多台风天气。由于经常有台风从潮岬附近登陆然后向北推进，这里被称为"台风银座"。伊贺地区则为大陆性气候。

北部的铃鹿山脉附近，冬季干燥多晴天，但是受日本海方向带有水气的云层影响，偶有强气压时，局地会有大雪。三重县内的降雪最高记录是在员弁市，有一米深。

西部的伊贺地区是盆地，夏季酷热，冬季寒冷有降雪。年降水量1,300—1,500毫米，是三重县内降水最少的地区，但是全年多雾。中部的伊势、志摩地区，虽然气候温和，但是夏季夜晚炎热。另外，中南部地区因大雨引发常会爆发洪水。

南部地区气候温暖，在日本国内以雨水多而闻名。尾鹫市平均年降水量超过4,000毫米。

三重县内的最高点在大台原山（位于三重县与奈良县的交界处，海拔1,695米）。这一带是全日本降雨最多的地区。因是野生鸟类重要的栖息地，被指定为国家级特别天然纪念物。

## 三重县相关数据：

面积：5,774.40平方千米

总人口：1,808,932人（截至2016年6月1日）

人口密度：313人/平方千米

相邻的都道府县：岐阜县、爱知县、滋贺县、京都府、奈良县、和歌山县

# 三重县人的性格特点

### 关西与关东的分水岭

与岐阜县相比，三重县才是地地道道的关西地区与关东地区的交界处，最直接的理由就是三重县的关西口音。

从名古屋市中心出发，沿伊势湾开车30分钟就进入了三重县。一旦进入三重县境，立刻就能感受到语言风格的变化。曾经看过一个电视节目，探寻关东和关西乌冬面的汤汁在哪个地方开始不同，结论是三重县的龟山。实际上，在还没有到达龟山时，语言就已经开始变化了。

日本人经常说的"东海三县"，指的是爱知县、岐阜县和三重县。与其他两县相比，三重县多少有些不同。

音乐会或者话剧等各种文艺演出基本都在离此不远的名古屋市举办，经济上更是唯名古屋马首是瞻。因此，三重县人只好更偏向关西地区。由于失去了独立性，三重县人心里难免有点不舒服。

三重县内的电车经营公司是近铁（近畿日本铁道株式会社的简称），是一家大阪的公司（岐阜县是名铁）。

在三重县与关西地区（奈良县和滋贺县）之间有铃鹿山脉和纪伊山地阻挡，往来不便，三重县的风俗与关西地区不尽相同，缺少霸气。既不同于关东，又不同于关西，三重县人的性格有点让人难以琢磨。

说到三重县的地形，直观感受就是细长，南北直线距离180千米，在本州地区仅次于长野县、秋田县，排在第三名。临近岐阜县的关原，与歌山县附近的熊野滩地区，各方面差异之大，令人无法相信这是在同一个县内。原因很简单，在江户时代，三重县所在地区由若干藩镇组成，纪伊长岛以南地区（尾鹫、熊野等）是属于纪州（纪伊藩国）的，关原和熊野滩本来是属于不同藩国的。

北部地区当时也分为伊势藩国、志摩藩国、伊贺藩国三个部分。这么多旧藩国构成了现在的三重县，难怪无法对三重县县人的性格特点进行归纳总结了。

**伊势商人群体**

伊势和志摩这些地区面向伊势湾、熊野滩，心胸开阔。特别是伊势湾一带的居民，在日照充足的环境中，养成了开朗、悠然自得的性格。

5世纪以后，这里建造了伊势神宫。与出云大社一样，每天从全国各地前来参拜的人络绎不绝。通过与外界的交流，日本各地的最新信息都争先恐后地涌入此地，当地人可以迅速掌握。久而久之，在外来文化的影响下，伊势和志摩地区的人们逐渐养成了积极进取的性格。

这种性格的养成当然不能忽视大海的影响。三重县的海岸线是近畿地区最长的，志摩半岛的里阿斯式海岸早已名声在外。生活在这里的人们只能抛弃狭窄的陆地，把梦想寄托于广阔的大海。

牧口常三郎在《人生地理学》一书中写道："朝向内陆的方向被山脉阻挡，山脉与海岸之间的土地狭小，无法生产更多的大米和谷物。居民为了生计，只能义无反顾地经营面前的这片海洋。"于是，"子孙们先天喜欢大海。在志摩及附近地区，日本海军及海运方面杰出人才辈出，与此有很大的关系"。这段话从侧面揭示了众多当地人活跃在大海这个舞台之上的原因。

交屋七郎兵卫（江户时代前期的商人，定居在安南即今越南）、河村瑞贤（商人，在海运及治水方面非常活跃）、大黑屋光太夫（作为船长指挥船只驶往江户城的途中，遇到强风暴漂流到了当时的俄罗斯，后来到过当时俄国的首都圣彼得堡）、松浦武四郎（江户时代晚期的探险家，北海道就是他命名的）等，都出身于这个地区。

三井财阀的创始人三井高利（江户时代初期的商人、富豪），是伊势国松坂（今松阪）出身，只是这里离大海有点距离。

地处信息活跃的伊势地区，各路人马汇聚于此，必然带来很多商机。利用这一优势，很多当地人开始经商，后来形成了"伊势商人"这样一个群体。

到 16 世纪末，丰臣秀吉的手下蒲生氏乡做了伊势国松岛（后改为松坂，最终改称松阪）的城主。当时，他从家乡近江国日野（今滋贺县）带来了很多商人。

近江商人最主要的特点就是贪婪，所以又被称为"近江盗贼"。头上三尺有神灵，本来做生意不能贪得无厌。伊势地区的人们本来非常平和，甚至有点阴柔，与近江商人的强势风格格格不入，因此本地商人受到了极大冲击。到江户时代，很多本地商人远赴江户城，在那里开始经营新的生意。

有意思的是，津市的"阿漕浦"这个地名在日语中就是"贪婪"的意思。当地捕获的鱼要专用于供奉伊势神宫，因此阿漕浦一带被指定为禁渔区，但是总有渔民去偷捕。

## 伊贺造就"忍者"

从伊势和松阪向北的地区，性格特征稍有变化，开始注重自己的个人利益，但大体还是以忠厚老实为主。在和平时期还好，如果是在战乱年代，这种性格就要吃苦头了。

现在的东海道，是指从名古屋经岐阜到米原、京都一带，而在江户时代并不是这样。

当时的东海道，是从宫（今名古屋市热田区）的港口乘船出发，先到桑名，然后经四日市、石药师、庄野、龟山、关、坂下，与现在的 JR 关西本线至草津线基本相同的线路。安藤广重的版画《东海道五十三次》中就出现过雪后的龟山。

现在龟山市内有夏普的工厂，规模很大，是世界上第一个具备从液晶面板的生产到电视机组装等完整生产链条的工厂。夏普的液晶面板技术曾风靡世界，龟山工厂为与其他公司的产品甚至是夏普公司其他工厂的产品区别开来，这里的产品统称为"龟山样式"。

实际上，建设这个工厂并不是出于夏普公司的意愿，而是三重县与龟山市依据招商引资政策，给予高额补贴后，夏普公司才同意开办的。在全盛时期，龟山工厂的生产线满负荷运转，产品畅销。全国各地的电器店里都有专门为购买"龟山样式"而来的顾客。

2012年以后，液晶电视的需求渐趋缓和，智能手机显示屏成为龟山工厂的主要产品。但是夏普公司的业绩大幅下滑，现在已经不复以往的发展势头。

版画里的龟山、庄野、坂下一带，树木重重，葱绿茂密，尽管描绘的是白天的情景，依然能感觉到树木遮蔽时光线的昏暗。

山区的盆地，距离大海较远，交通不便，而且冬季经常降雪。在这样的环境中，很难形成外向型性格。江户时代，这是出"忍者"（即伊贺者）的地方。

# 三重县的重要数据和知名人士

## 三重县在日本名列第一的几个领域

| 领域 | 数据 |
|---|---|
| 园艺用品的采购量（2012年） | 11,203日元 |
| 工业产值（2013年） | 10.41万亿日元 |
| MINISTOP的店铺数量（2016年） | 98间 |
| 永旺(AEON)购物中心的店铺数量(2016年) | 20间 |
| JUSCO购物中心的店铺数量（2017年） | 17间 |

## 三重县出身的名人

**政界：**

　　田村元（松阪市）

冈田克也（四日市）

坂口力（津市）

田村宪久（松阪市）

北川正恭（铃鹿市）

中川正春（松阪市）

**商界：**

村山龙平（玉城町），朝日新闻社创始人

御木本幸吉（鸟羽市），MIKIMOTO珠宝饰品公司创始人

**文化界：**

榊莫山（伊贺市），书法家

笙野赖子（四日市），作家

柴田昌弘（松阪市），漫画家

铃木慧一（四日市），漫画家

安田铃人（桑名市），画家、漫画家、设计师

高木直子（四日市），画家

市川崑（伊势市），电影导演

小津安二郎（松阪市），电影导演

和田勉（松阪市），表演家

衣笠贞之助（龟山市），电影导演

高畑勋（伊势市），动画导演、制片人

**演艺界：**

阿倍静江（松阪市），歌手

田端义夫（松阪市），歌手

鸟羽一郎（鸟羽市），歌手

山川丰（鸟羽市），歌手

西野加奈（松阪市），歌手

小仓久宽（大纪町），演员

椎名桔平（伊贺市），演员

矶野贵理子（南伊势町），演员

加藤纪子（铃鹿市），演员

**体育界：**

石垣幸大（东员町），中日龙职业棒球队队员

江川智晃（伊势市），福冈软银鹰职业棒球队球员

冈本笃志（名张市），埼玉西武狮职业棒球队球员

高木勇人（津市），读卖巨人职业棒球队球员

小椋久美子（川越町），运动指导、前羽毛球选手

浅尾美和（铃鹿市），前职业沙滩排球选手

濑古利彦（桑名市），原马拉松选手

野口水树（伊势市），马拉松选手

吉田沙保里（津市），摔跤选手

# 三重县特有的风味美食

## 海白菜汤

石莼是一种海藻,干燥后食用,又称海白菜。在酱汤中放入海白菜和用鱼为原料制作的汤料,稍稍煮一下,海白菜汤就做好了。三重县海白菜的产量位列日本第一,占全国产量的70%。

## 新年必备:伊势虾(龙虾)

伊势虾是一种高级食材。江户时代的烹饪书《料理物语》中记载有伊势虾的煮和烤的制作方法,现在有生食(刺身)、煎、烤、做汤、涮锅等食用方法。食用季节是当年10月至次年1月,冬季寒风凛冽时味道最佳。

17世纪后期,伊势虾成了新年准备的必需品,直到现在还保留着这种风俗。有些地方也把伊势虾摆在过年时的贡品镜饼(年糕)上。

伊势虾

从名字上看,好像只有三重县才能捕到这种虾。实际上千叶县的产量也不少,每年两个县都在争第一的位置。2013年,千叶县产量最多,三重县落后,成为第二。

## 津市料理:鳗鱼

提到鳗鱼,人们普遍会想到滨松市(静冈县),其实津市也是鳗鱼的重要产地。津市的人均鳗鱼料理店最多,人均鳗鱼消费量也是全日本第一。

上溯到江户时代,统治当地的藤堂氏,为强壮士兵的身体,鼓舞士气,把吃鳗鱼作为奖赏。从那以后,这种料理逐步推广开来。

## 伊势乌冬面

直径一厘米左右的粗乌冬面条,蘸着由浓酱油和汤料制成的黑色面汤汁吃,口感绵软,而且弹性十足,与普通乌冬面的味道截然不同。从全国各地来参拜伊势神宫的人们品尝后,印象深刻,回去后不免宣扬一番,由此伊势乌冬面闻名全国各地。

## 桑名小吃:文蛤料理

桑名地区的烤文蛤,尽人皆知。桑名地区指木曾川、长良川、町屋川等河流在伊势湾的入海口,是海水和淡水的交界处,适合贝类生长。肉质肥厚、细腻的文蛤即盛产于这里。

与伊势乌冬面一样,文蛤料理经由参拜伊势神宫的人们到处传扬而出名。

## 津饺子

津饺子,是指用直径15厘米大饺子皮包好馅儿后,油煎而成。1985年起,津饺子最先出现在学校的配给食物中,2008年起又出现在饭店或各种集会活动中,是所谓的"B类小吃"。

# 中国游客不可错过的三重县景点

## 阿漕浦海岸

明朝时,胡宗宪编纂的《筹海图编》(1566年汇集而成,初刻于1562年——编译注)一书中记载的"阿乃奴子"指的就是"津市"。在日本又称为"安浓津"等,根据"津"这个文字推测,这里应该是一个港口。

14世纪,明朝开始关注日本。1401年,两国开始了正式的贸易往来(当时称为勘合贸易),虽然中间偶有间断,但还是一直持续到了1549年。

在《日本风土记》(1591年)、《武备志》(1621年)等著作中都有对"津"的描述:"国(指日本)有三津(即港口)。西海有坊津(萨摩州所属)、花旭塔津(筑前州所属),东海有洞津(日语为"阿乃次",为伊势州所属)。三津乃人烟辏集之地,皆集各处通番商货。"

从中我们可以看到,津(即阿乃次、安浓津)港,与坊津

（今鹿儿岛县南萨摩市）、花旭塔津（即博多津，今福冈市）并称为日本三津（港）。

但是，明应大地震（1498年）时发生海啸，津港遭到了毁灭性的破坏，之后就废弃了，淹没在历史之中。直到现在，津市也没有港口。调查研究表明，过去的津港应该就在现今的阿漕浦海岸（从岩田川入海口到相川入海口一带的沙滩）。

## 徐福宫

相传徐福遵秦始皇之命访求长生不老药，最终来到了日本，在熊野市登陆，之后足迹遍及日本各地。

当年徐福出发时，带领着3000人组成的船队，规模庞大，中途遭遇风暴，虽曾命悬一线，终于历尽艰辛到达了熊野市波田须的海岸。

此后，徐福打消了回国的念头，决定在此定居，开设窑厂，教授当地人烧陶。至今在当地还有"窑所""窑屋"等地名。此外，他还传授制铁、农耕、土木、捕鲸、医药等技术，传播中华文明，受到当地人的爱戴。

据说，波田须这个地名，是因为与"秦住"的发音相同，逐步演变而来的。

徐福宫位于波田须町一座被称为蓬莱山的小山上，有徐福墓以供游客瞻仰。这里还保存着徐福当年留下来的秦朝时的古钱——"半两钱"。

# 与中国各省市结成友好城市的行政自治体

## 三重县——河南省

1972年中日邦交正常化之后,三重县与中国的民间交流不断。20世纪80年代,三重县政府多次组织访华代表团访问中国,并接收了中国派遣的技术研修生。1985年,向河南省派遣了政府工作人员,得到了中方的积极响应。

同年10月,三重县友好代表团访问中国,河南省省长与三重县知事就建立友好合作关系事宜进行了协商。1986年11月,双方终于如愿缔结了友好协议。

津市——镇江市(江苏省)、郑州市惠济区(河南省)

1981年11月,津市向中日友好协会提出了意向,中日友好协会随即推荐了若干候选城市。

因为气候条件相似,并且三重大学与江苏工学院(今江苏大学)已经有了交流,所以津市选定了镇江市。1983年5月,正在津市访问的江苏省有关人士转达了镇江市愿意建立友好城市关系的意愿，双方开始互访。1984年6月，双方签订了友好协议。

至于郑州市惠济区，原本与河艺町是友好合作关系。因为河艺町并入了津市，双方的友好关系就被继承下来。

1983年，河艺町的第一次访中团访问中国。此后，河艺町一直希望与中国建立长期友好合作关系。因为河南省与三重县的友好关系，自然而然地，与该省郑州市邙山区（后改称惠济区）交流不断深化。1991年5月，两地签订了友好关系协议书。

## 四日市——天津市

1972年，日中邦交正常化。1978年，中日两国又签订了日中和平友好条约。在中日两国的关系不断深入发展之际，自1979年起四日市，与同为港口城市且工业发达的天津市开始了友好交流活动。天津与北京、上海、重庆同属中央直辖市，是省一级的行政单位。相比之下，四日市只是一个小地方，但是在产业发展、文化教育、科学技术等各方面取得的成就，对天津市有很强的吸引力。在多次互访之后，1980年10月，双方签订了友好关系协议书。

## 松阪市——无锡市滨湖区（江苏省）

在松阪市的小学和福利团体与无锡市滨湖区开启民间交流后，2007年4月，滨湖区政府向松阪市提出了建立友好合作关系的倡议。松阪市为推进与滨湖区的友好关系，专门设置了国际交流推进协会。2008年10月，双方正式签订了友好城市协议书。

## 名张市——苏州市（江苏省）

1988年起，名张市与苏州市开展了足球、乒乓球、柔道、篮球等体育运动的交流活动。2003年10月，名张市向苏州市递交了希望建立友好城市关系的信函。同年11月，苏州市回信同意名张市的建议。2004年3月，正值名张市建市50周年之际，双方缔结了友好合作关系协议。

## 尾鹫市——大连市金州区（辽宁省）

2006年7月，尾鹫市市长、市议会议长、商工会所有关人员访问了金州区。同年11月，金州区的区长及人大主任等10人回访。双方互相表达了建立友好关系的意愿。

为促进双方的繁荣与发展，两地在产业、旅游、技术、文化、教育、体育、人才等各方面进行了广泛交流。双方于2007年7月签订了友好城市协议书。